AF277583

ACCESO GRATIS a la Lectura en la Nube

Para visualizar el libro electrónico en la nube de lectura envíe junto a su nombre y apellidos una fotografía del código de barras situado en la contraportada del libro y otra del ticket de compra a la dirección:

ebooktirant@tirant.com

En un máximo de 72 horas laborables le enviaremos el código de acceso con sus instrucciones.

Vademécum
DE JUSTICIA RESTAURATIVA
Y MEDIACIÓN PENAL

2ª Edición

Vademécum
DE JUSTICIA RESTAURATIVA Y MEDIACIÓN PENAL

2ª Edición

MARÍA REVELLES CARRASCO

Profesora de Derecho Penal y Criminología
de la Universidad de Cádiz

tirant lo blanch
Valencia, 2024

©   María Revelles Carrasco

©   TIRANT LO BLANCH
        EDITA: TIRANT LO BLANCH
        C/ Artes Gráficas, 14 - 46010 - Valencia
        TELFS.: 96/361 00 48 - 50
        FAX: 96/369 41 51
        Email: tlb@tirant.com
        www.tirant.com
        Librería virtual: www.tirant.es
        DEPÓSITO LEGAL: V-1114-2024
        ISBN: 978-84-1056-482-4
        MAQUETA: Tink Factoría de Color

Si tiene alguna queja o sugerencia, envíenos un mail a: *atencioncliente@tirant.
com*. En caso de no ser atendida su sugerencia, por favor, lea en *www.tirant.
net/index.php/empresa/politicas-de-empresa* nuestro procedimiento de quejas.

Responsabilidad Social Corporativa: http://www.tirant.net/Docs/RSCTirant.pdf

ÍNDICE DE VOCES

D

E

F

V

ABREVIATURAS

Art.	Artículo
Arts.	Artículos
CC	Código Civil
CE	Constitución Española
CGPJ	Consejo General del Poder Judicial
Comp.	Compiladora
Coord.	Coordinadora/Coordinador
CP	Código Penal
Dir.	Directora/Director
Ed.	Edición
EV	Estatuto de la Víctima
LECrim	Ley de Enjuiciamiento Criminal
LFCS	Ley de Fuerzas y Cuerpos de Seguridad
LMACM	Ley de Mediación en Asuntos Civiles y Mercantiles
LORPM	Ley Orgánica reguladora de la responsabilidad penal de los menores
Nº	Número
ONGs	Organizaciones no Gubernamentales

RD   Real Decreto
SGIP   Secretaría General de Instituciones Peniten-
            ciarias
Ss   Siguientes
Trad.   Traducción
UNODC   Oficina de las Naciones Unidas contra la Dro-
            ga y el Delito
Vol.   Volumen

INTRODUCCIÓN

La justicia restaurativa en el ámbito del Derecho Penal supone un cambio de lente en la forma de abordar los delitos, de tratar a las personas ofensoras, a las víctimas y a la comunidad, devolviéndoles los conflictos que les fueron arrebatados, al menos de forma parcial. Constituye un paradigma de justicia que se asienta sobre el diálogo y la responsabilidad. No sustituye al sistema retributivo tradicional pero sí que le otorga humanidad y la oportunidad de que la abstracción y profesionalización inherente al proceso penal no prive a las partes de una decisión justa. Para las personas ofensoras, dicho proceso se convierte en la lucha adversarial y dicotómica de inocencia-culpabilidad a través de la subsunción de la conducta objeto de acusación en un tipo penal, restringiendo cualquier narrativa ajena al engranaje punitivo. Para las víctimas del delito, el sistema penal no deja de ser una perpetuación de la pérdida de su autonomía personal que se vio mermada o truncada por el daño sufrido.

La justicia restaurativa contribuye a paliar las disfunciones de un sistema, recortado desde sus inicios, que sobredimensiona los aspectos formales. Este nuevo enfoque permite a la persona ofensora que comprenda el alcance de sus actos, que se arrepienta y se responsabilice de ellos, lo cual supone una evolución del propio concepto de reinserción que una vez ha mostrado sus insuficiencias debe ser superado. A las víctimas les permite expresarse, empoderarse y recuperar la autonomía perdida. El gran envite que hace este tipo de justicia es que su premisa y dinámica es el resultado de apostar por el conocimiento procedente de diversas disciplinas además del derecho y la criminología, como el trabajo social, la psicología, la sociología y la filosofía. Frente al reduccionismo de la justicia retributiva se abre una metodología abierta y heterogénea.

La recepción de la justicia restaurativa y en concreto de la mediación penal intrajudicial en nuestro país se produjo de forma relativamente tardía de la mano del Consejo General del Poder Judicial (en adelantem CGPJ). Su objetivo era dar cumplimiento a la directriz contenida en la Decisión Marco del Consejo de la Unión Europea de 15 de marzo (2001/220/JAI), relativa al estatuto de la víctima en el proceso penal, al señalar la necesidad de que los Estados miembros impulsarán la mediación en las causas penales; así como superar la baja credibilidad de un sistema judicial que hacía aguas y no era capaz de ofrecer una respuesta veraz a la criminalidad. No obstante, la situación de la mediación penal de adultos quedó estancada desde el principio. Se inició como un proyecto piloto implementado por el citado órgano de gobierno judicial denominado "Justicia restaurativa y mediación penal: análisis y valoración de las experiencias de mediación penal". Finalizado el mismo, la mediación penal intrajudicial se vino aplicando y se aplica *de facto*, al carecer de regulación legal específica. No obstante, la praxis ha demostrado la gran acogida e impacto positivo que tienen las prácticas restaurativas en nuestro país, no solo la mediación penal intrajudicial sino también la mediación penal en prisión, de la que ya podemos hablar como una auténtica realidad dentro del sistema penitenciario con la implementación del "Programa de Justicia Restaurativa" dirigido a personas condenadas a medidas penales alternativas.

A

ABOLICIONISMO PENAL

Corriente teórica-práctica que hace una crítica radical a todo el sistema jurídico penal abogando por su desaparición y su reemplazo por un sistema de justicia participativa donde la compensación sustituya a la respuesta punitiva. No se trata de una teoría acabada, ni responde a una única corriente de pensamiento, por cuanto en ella confluye una pluralidad de pensamientos ideológicos de origen diverso, desde el abolicionismo extremo hasta las posiciones minimalistas como el abolicionismo institucional que circunscribe su crítica a la institución carcelaria. Su germen se halla en la lucha contracultural de la década de los años sesenta del siglo XX. Tuvo un peso importante en Europa, especialmente en los países escandinavos cuyos precursores fueron: H. C. Hulsman, Nils Christie y Thomas Mathiesen.

Presupuestos: 1°) Las normas del sistema de justicia penal no desempeñan la función asignada, de este modo funciona de manera deficiente, y sólo puede decirse que es eficaz en casos esporádicos como se pone de relieve atendiendo al número de conductas delictivas que se siguen realizando; es más, el sistema viene a actuar precisamente desde los mismos valores a los que dice combatir. 2°) El sistema penal degrada al ser humano, lo estigmatiza y lo reduce en su dignidad; es una máquina de fabricación de culpables y una vez estos son los que son, se les rechaza socialmente. 3º) La pena carece de sentido, produciendo un efecto aniquilador del sujeto, generándole unos efectos absolutamente irreparables que no pueden rehabilitarse o restaurarse por la sociedad. 4º) El modelo penal tradicional desconoce la existencia de las víctimas. 5ª) El delito es una construcción humana, una contingente interpretación de la realidad. 6º) El sistema penal observa todos los hechos que procesa desde una perspectiva dicotómica deviniendo en un cuadro simplista de la persona y sus actos. 7º) El sistema penal aísla al acto que se juzga de todo el proceso de interacción que generalmente lo enmarca y concentra la atención sólo en determinados aspectos, con lo cual se aísla al individuo que lo ha realizado de todo el contexto social en que se desenvuelve su conducta. Propuestas: 1º) Devolver a las personas implicadas el manejo de sus propios conflictos. 2º) Destacar la especificidad de cada situación y buscar una solución particular y no estereotipada. 3º) Sustituir la pena tal y como se concibe y aplica por otra forma de coacción que no estigmatice a la persona ofensora.

Conceptos relacionados
Criminología crítica, estigmatización, minimalismo penal, precursores.

Selección bibliográfica
Christie, N. 2019. *Los límites del dolor*. Santiago: Olejnik.
Hulsman, L., Christie, N., Mathiesen, T. et. al. (Trad. Ciafardini, M. A. y Bondanza, M. L.). 1989. *Abolicionismo penal*. Buenos Aires: Ediar.
Mathiesen, T. 2005. Diez razones para no construir más cárceles, en *Panóptico contra la cultura carcelaria*, nº 7.

ALTERNATIVE DISPUTE RESOLUTIONS (ADR)

Los métodos alternativos de solución de conflictos (MASC, siglas en español) son mecanismos o procedimientos que tienen en común aspectos como la informalidad, flexibilidad o el carácter preferentemente extrajudicial. Son medios específicos en los que no intervienen los órganos jurisdiccionales —y si lo hacen, no ejercen función jurisdiccional—, que pretenden la gestión positiva de los conflictos. Se distinguen entre previos o complementarios al proceso judicial o alternativos a éste. Previos o complementarios al proceso judicial:

- Negociación: proceso de comunicación no estructurado y directo entre las partes. Puede hacerse por medios diversos, incluso a través de abogadas/os o representantes, que tratan de obtener una solución que se acerque lo más posible a sus intereses, según una lógica de regateo, en la que se asume la necesidad de tener que ceder cada parte en sus pretensiones iniciales a favor de un acuerdo que permita satisfacer unos mínimos. Se pueden diferenciar distintos tipos de negociación:
  - Acomodativa: se asume una conducta conciliadora, se prioriza la paciencia y la confianza, buscando conseguir resultados a medio plazo.
  - Competitiva: se adopta una posición más agresiva, se pretende conseguir los máximos beneficios y obtener el mejor resultado.
  - Integrativa: se utiliza la estrategia *win-win,* cuyo objetivo es que ambas partes obtengan el mejor acuerdo posible y mejoren su relación.

- – Distributiva: se traduce en la ganancia de una parte y la pérdida de la otra. Es el tipo de negociación más utilizada.
- – Por compromiso: se busca un acuerdo superficial que colme las necesidades básicas de las partes, aunque no se alcancen los objetivos planteados.
- – Evitativa: se produce cuando el acuerdo va a perjudicar a ambas partes, pues el coste no compensa el beneficio.
- Transacción: es un contrato que recoge las recíprocas concesiones de las partes en un conflicto, a través del cual evitan la provocación de un pleito o ponen fin al que habían comenzado [*ex* artículo (en adelante art.) 1809 del Código Civil (en adelante CC)].
- Conciliación: mecanismo autocompositivo en que las partes en conflicto comparecen ante una tercera persona, que puede ser un órgano judicial o no judicial, que dirige el proceso para alcanzar un acuerdo, evitando así el pleito. Existen dos tipos de conciliación que se diferencian en función del momento procesal en el que se lleven a cabo: la conciliación previa al acto del juicio, con el fin de evitar la incoación del proceso; y la conciliación una vez iniciado el litigio, siendo ésta una conciliación procesal facultativa (regulada en Ley 1/2000, de 7 de enero, de Enjuiciamiento Civil), en la que, si no se llegara a un acuerdo, el órgano jurisdiccional resolverá.
- Mediación: sistema voluntario en el cual un tercero, la persona mediadora, de forma neutral, imparcial y confidencial, guía a las partes para que sean éstas

quienes alcancen un acuerdo, careciendo en todo caso, de capacidad decisoria sobre el fondo de la situación conflictiva.

Alternativos al proceso judicial:

- Arbitraje: es un equivalente jurisdiccional, mediante el cual las partes pueden obtener los mismos objetivos que con la jurisdicción civil. Se encuentra regulado en la Ley 60/2003, de 23 de diciembre, de Arbitraje. Es un sistema de justicia privada para resolver los conflictos de los particulares, con el objetivo de que estos puedan poner fin a sus diferencias de forma pacífica mediante la intervención de un tercero neutral denominado "árbitro" quien resuelve la controversia a través de un "laudo" (vinculante y equivalente a una sentencia judicial) sin necesidad de acudir a los tribunales de justicia.

Conceptos relacionados

Conflicto, persona facilitadora.

Normativa

Ley 1/2000, de 7 de enero, de Enjuiciamiento Civil.
Ley 60/2003, de 23 de diciembre, de Arbitraje
Real Decreto (en adelante RD) de 24 de julio de 1889 por el que se publica el Código Civil (art. 1809).

Selección bibliográfica

Barona Vilar, G. 1999. *Solución extrajurisdiccional de conflictos. Alternative dispute resolution (adr) y derecho procesal.* Valencia: Tirant lo Blanch.
– 2018. *Nociones y principios de las ADR (Solución Extrajurisdiccional de Conflictos).* Valencia. Tirant lo Blanch.
Luna Álvarez, E. 2023. *Análisis crítico de la regulación y aplicación de la mediación penal en el ordenamiento jurídico español.* Valencia: Tirant lo Blanch.

ASERTIVIDAD

La asertividad es una habilidad social que ayuda a mantener relaciones interpersonales satisfactorias y procura que los demás respeten nuestros derechos y no nos impidan lograr nuestros objetivos. Busca el propio interés pero también tiene en cuenta los intereses y sentimientos de los demás y cuando entran en conflicto trata de encontrar, en la medida de lo posible, soluciones satisfactorias para ambas partes. Como estrategia de comunicación incluye la expresión de nuestras opiniones, sentimientos, preferencias y necesidades respetando, al mismo tiempo, las de los demás. Pretende ayudarnos a ser nosotros mismos, a desarrollar nuestra sana autoestima y a mejorar la comunicación interpersonal, haciéndola más directa y honesta. Contiene tres dimensiones: la autoafirmación, que consiste en defender nuestros legítimos derechos, hacer peticiones y expresar opiniones personales; la expresión de sentimientos positivos, como hacer o recibir elogios y expresar agrado o afecto; y la expresión de sentimientos negativos, que incluye manifestar disconformidad o desagrado, en forma adecuada, cuando está justificado hacerlo. Facilita la comunicación y minimiza la posibilidad de que los demás malinterpreten nuestros mensajes. Los que se relacionan con la persona asertiva obtienen una comunicación clara y no manipuladora, se sienten respetados y perciben que el otro se siente bien con ellos. Dos formas polarizadas de comunicación contrarias a la asertividad son: la inhibición y la agresividad. La inhibición es una forma de comportamiento caracterizada por la sumisión, la pasividad, el retraimiento y la tendencia a adaptarse excesivamente a las reglas externas o a los deseos de los demás, sin tener suficientemente en cuenta los propios intereses, sentimientos, derechos, opiniones y deseos. La agresividad es otra forma de conducta que consiste en no respetar los derechos, sentimientos e intereses de los demás y, en su forma más extrema, incluye conductas como ofenderlos, provocarlos o atacarlos. La conducta agresiva puede ser física o, más frecuentemente, verbal que puede ser directa (amenazas, comentarios hostiles, etc.) o indirecta (comentarios sarcásticos, etc.), y puede ir acompañada de gestos hostiles o tono de voz elevado y está estrechamente relacionada con la ira excesiva o contraproducente.

En el contexto de la justicia restaurativa, la asertividad parte de que toda persona tiene derecho a ser tratada con respeto y dignidad, a equivocarse, a hacerse responsable de sus actos, a tener sus propios valores y opiniones, a expresar sus sentimientos y emociones, a pedir lo que quiere y a protestar cuando es tratada de una manera injusta y a tratar el conflicto con la parte implicada llegando a compromisos viables.

Conceptos relacionados
Conflicto, perdón, responsabilidad, vergüenza reintegradora.

Selección bibliográfica

Caballo Manrique, V. E. 1983. Asertividad: definiciones y dimensiones, en *Estudios de Psicología*, n° 13.
Lange, A. 1981. Entrenamiento cognitivo-conductual de la asertividad. En *Manual de Terapia racional-emotiva*. Bilbao: Descleé de Brouwer.
Roca Villanueva, E. 2003. *Como mejorar sus habilidades sociales*. Valencia: ACDE.

ASISTENCIA A LA VÍCTIMA

Los servicios o programas de asistencia a la víctima se han proyectado en dos direcciones: reforzar el ejercicio del derecho que posee ésta a desempeñar un rol preponderante en la administración de justicia y brindar estrategias que aborden las crisis personales que puedan surgir como consecuencia de la victimización. La asistencia a la víctima es un derecho recogido en el art. 3 de la Ley 4/2015, de 27 de abril, del Estatuto de la Víctima del Delito (en adelante EV) para lo cual se facilitará a la víctima, desde su primer contacto con las autoridades o con las Oficinas de Asistencia a las Víctimas, la asistencia o apoyos necesarios para que pueda hacerse entender ante ellas, lo que incluirá la interpretación en las lenguas de signos reconocidas legalmente y los medios de apoyo a la comunicación oral en su caso (art. 4.b) del EV).

Toda víctima tiene derecho a acceder, de forma gratuita y confidencial, en los términos que reglamentariamente se determine, a los servicios de asistencia y apoyo facilitados por las administraciones públicas, así como a los que presten las Oficinas de Asistencia a las Víctimas. Este derecho podrá extenderse a los familiares de la víctima cuando se trate de delitos que hayan causado perjuicios de especial gravedad (art. 10 del EV). Los tipos de medidas asistenciales disponibles pueden ser médicas, psicológicas o materiales, y cuando resulte oportuno información sobre la posibilidad de obtener un alojamiento alternativo (art. 5.1.a) del EV).

Así mismo, señala el art. 15 del citado texto legal que las víctimas podrán acceder a servicios de justicia restaurativa, en los términos que reglamentariamente se determinen, con la finalidad de obtener una adecuada reparación material y moral de los perjuicios derivados del delito, cuando se cumplan los siguientes requisitos: a) el infractor haya reconocido los hechos esenciales de los que deriva su responsabilidad; b) la víctima haya prestado su consentimiento, después de haber recibido información exhaustiva e imparcial sobre su contenido, sus posibles resultados y los procedimientos existentes para hacer efectivo su cumplimiento; c) el infractor haya prestado su consentimiento; d) el procedimiento de mediación no entrañe un riesgo para la seguridad de la víctima, ni exista el peligro de que su desarrollo pueda causar nuevos perjuicios materiales o morales para la víctima; y e) no esté prohibida por la ley para el delito cometido.

Conceptos relacionados
Derechos de la víctima del delito, Estatuto de la víctima, Oficina de Atención a la Víctimas, víctima.

Normativa
Ley 4/2015, de 27 de abril, del Estatuto de la víctima del delito (artículos (en adelante arts). 3, 4.b), 5.1.a), 10, 15).

ASISTENCIA AL EX DELINCUENTE

La regla 90 de las Reglas Mínimas de las Naciones Unidas para el Tratamiento de los Reclusos (Reglas Nelson Mandela) establece que "el deber de la sociedad no termina con la liberación del recluso. Se deberá disponer, por consiguiente, de los servicios de organismos gubernamentales o privados capaces de prestar al recluso puesto en libertad una ayuda post penitenciaria eficaz que tienda a disminuir los prejuicios hacia él y le permita readaptarse a la comunidad". Los programas de asistencia al ex delincuente apuntan a desarrollar en éste capacidades que le permita integrarse en la comunidad en las mejores condiciones posibles. Esas intervenciones deben estar diseñadas para asistirlos a prepararse para su liberación del confinamiento y ayudarles a adquirir el conjunto de destrezas requerido para vivir en la sociedad al margen del delito, tratando sus desafíos personales y los factores asociados con su conducta delictiva, ayudándoles a resolver cuestiones prácticas relacionadas con el empleo, transporte o alojamiento, y estableciendo los contactos y relaciones necesarias en la comunidad. Los programas de asistencia post carcelaria y asistencia de reinserción deben estar basados en un enfoque de gestión de casos y que cubran una gama de intervenciones. Algunos programas buscan activamente la participación comunitaria.

Tabla 1. Modelo de gestión de casos de asistencia al ex delincuente

Evaluación del riesgo/ Necesidades	Planificación de casos	Implementación de casos	Revisión decasos
Evaluar a los delincuentes para determinar sus riesgos y necesidades.	Identificar las intervenciones más eficaces para tratar con los riesgos y necesidades de los delincuentes y rehabilitarlos.	Completar intervenciones que pueden involucrar a organismos relevantes que proveyeran el tratamiento.	Re-evaluar continuamente el progreso de los delincuentes para determinar el impacto de lasintervenciones y revisar el enfoque paraadaptarlo al progreso.

Fuente. Elaboración propia a partir de Oficina de las Naciones Unidas contra la Droga y el Delito (en adelante UNODC), 2013.

Conceptos relacionados
Círculos de reentrada para la convivencia, persona ofensora, programas terapéuticos o de sanación, responsabilidad.

Normativa
Resolución 70/175 aprobada por la Asamblea General el 17 de diciembre de 2015, sobre las Reglas Mínimas de las Naciones Unidas para el tratamiento de los Reclusos (Reglas Nelson Mandela).

Selección bibliográfica
UNODC. 2013. *Guía de Introducción a la Prevención de la Reincidencia y la Integración Social de delincuentes.* Nueva York: Naciones Unidas.

ATENUANTE(S)

Son aquellas circunstancias modificativas de la responsabilidad criminal que suponen una minorización de la pena —en uno o dos grados en función de su cualificación— por ser reveladora de una menor gravedad del injusto o un menor reproche de culpabilidad. En este sentido son dos atenuantes las que pueden relacionarse con la justicia restaurativa. La atenuante de confesión que se halla regulada en el art. 21.4° del Código Penal (en adelante CP) establece que es circunstancia atenuante la de haber procedido el culpable, antes de conocer que el procedimiento judicial se dirige contra él, a confesar la infracción a las autoridades. Y en el apartado 5° del mismo art. se contempla como atenuante la de haber procedido el culpable a reparar el daño ocasionado a la víctima o disminuir sus efectos, en cualquier momento antes del procedimiento y con anterioridad a la celebración del acto del juicio oral. Son conductas posteriores al hecho delictivo de arrepentimiento espontáneo, esto es, plenamente voluntarias y no coaccionadas que no disminuyen la culpabilidad de la persona infractora pero sí opera por razones político-criminales de favorecer la asunción del injusto por parte del autor. En este sentido, también cabría contemplar la atenuante analógica del art. 21.7° del CP, pues la reparación del daño no debe ser exclusivamente económica, puede procederse mediante la restitución de bienes u otros medios alternativos que la persona ofensora considere que podrían reparar los daños del delito. La finalidad es la satisfacción de la víctima, por ello puede aplicarse por analogía a cualquier forma de reparación o la petición de perdón.

Conceptos relacionados
Culpabilidad, delito, reparación.

Normativa
Ley Orgánica 10/1995, de 23 de noviembre, del Código Penal (art. 21.4°, 5° y 7°).

Selección bibliográfica
De Vicente Martínez, R. 2021. *Vademécum de Derecho Penal*, 6° edición. Valencia: Tirant lo Blanch.
Muñoz Conde, F. y García Arán, M. 2022. *Derecho Penal Parte General*, 11° edición. Valencia: Tirant lo Blanch.

C

CIRCUITO DE DERIVACIÓN EN MEDIACIÓN PENAL INTRAJUDICIAL

Un procedimiento penal se puede derivar a mediación: cuando se ventile un caso por delito leve ante el Juzgado de Instrucción; incoadas diligencias previas de un caso para la instrucción por el Juzgado de Instrucción; y remitido un procedimiento a enjuiciamiento por los trámites del procedimiento abreviado. La jueza o juez con comunicación previa al Ministerio Fiscal y sin su oposición podrá resolver someter el proceso a la mediación si la persona investigada no niega la existencia y/o participación en el hecho. No existe regulación sobre el proceso de derivación de las causas penales a procesos de mediación, siendo el criterio de selección la valoración realizada por la jueza o juez o la/el letrada/o de la administración de justicia o por propia petición de las partes, teniendo finalmente la facultad decisoria la jueza o juez. Los delitos en los que en mayor medida se utiliza la mediación son: delitos de lesiones; delitos contra la libertad (amenazas y coacciones); delitos contra el honor (injurias y calumnias); y delitos contra el patrimonio (hurto y robo).

Una vez tomada la decisión de derivación a mediación:

1. Una/un funcionaria/o del juzgado llamará al equipo de mediación para determinar día y hora en el que dicho equipo informara a las partes de la mediación. La Audiencia Provincial enviará a los Decanatos de los partidos judiciales el listado de personas mediadoras de los colegios profesionales que han remitido los mismos con la habilitación y capacitación necesaria para ejercer como mediadores penales, debiendo cumplir los requisitos de: ser mediador inscrito en el Registro de Mediadores e Instituciones de Mediación del Ministerio de Justicia por haber seguido el curso preceptivo para ello de 100 horas; y además haber realizado un curso de mediación penal que le habilite para su desarrollo.

2. Mediante una resolución motivada (providencia) dirigida tanto a la persona investigada como a la víctima, se indicarán las razones que avalan la decisión de derivación a la mediación y que las personas profesionales encargadas de realizarla se pondrán en contacto con ellas,

por escrito o telefónicamente, indicando día y hora. Mediante resolución motivada (providencia) dirigida a la institución de mediación o a la persona mediadora que acuerden las partes o, en su caso, con quien exista convenio de colaboración con el CGPJ, se informará de la mediación remitiendo para ello una ficha de derivación y los siguientes documentos: copia de las declaraciones; copia de informes periciales que contengan algún dato de relevancia (patologías, adicciones, lesiones, tasación de daños a los efectos de determinar la cuantía de la reparación, etc.); datos para localizar a las partes, teléfonos y domicilios fundamentalmente; y datos de las abogadas/os personadas/os en la causa.

3. A partir del momento en que consta que las personas interesadas han recibido las cartas que desde el juzgado se les ha remitido y en que el expediente está en manos del equipo de mediación, el plazo para la realización de las tareas de mediación es de un mes desde la firma del consentimiento informado, prorrogable por otro mes más. Si no se suspende el juicio en su caso, debe existir plazo suficiente para practicar las sesiones de mediación entre la citación y la celebración de la vista correspondiente.

4. El servicio de mediación citará a las partes, generalmente por vía telefónica, a una sesión informativa personalmente e individualmente y si alguna de ellas contara con abogada/o designada o procuradora/o también a éstos. Esta llamada telefónica se realiza transcurridos 5 días desde que se envía la resolución judicial sobre derivación a mediación a las partes. La primera llamada es a la persona acusada y después a la víctima. En este contac-

to telefónico el equipo de mediación expondrá: en qué consiste la mediación (definición básica de encuentro con la víctima basado en el diálogo y reconocimiento, al menos parcial, de los hechos); en qué consiste el proceso (entrevistas personales con las dos partes, y una conjunta); condiciones (reconocimiento de hechos, asunción de la reparación del daño, renuncia a cualquier tipo de violencia frente a la víctima, escucha y diálogo con ella, si procede); y consecuencias (reparación del daño, condena o archivo, posible apreciación de atenuante).

5. Ante la respuesta de ambas partes se realizará la sesión informativa, siendo recomendable que acudan con sus abogadas/os, si los tuvieran, para que manifiesten su conformidad a participar en la mediación, a cuyos efectos se firmará un documento de consentimiento informado denominado "Acta constitutiva de la mediación". La aceptación a mediación por las partes debe darse en un plazo de 7 días desde que se le notifica la derivación.

Tabla 2. Ficha de derivación a mediación

Contenido
· Órgano judicial que deriva.
· Tipo de proceso y número.
· Cuestiones sobre las que versa el litigio.
· Momento procesal en el que está la causa y, en su caso, fecha del siguiente señalamiento o acto.
· Datos personales y de contacto de los litigantes.
· Datos de abogados y/o procuradores.

Fuente. Elaboración propia a partir de CGPJ, 2016.

**Tabla 3. Diagnóstico de casos mediables. Cuestionario
dirigido a la Jueza o al Juez**

Condiciones marco	Sí	Duda	No
¿Puede la controversia sujetarse a un acuerdo, dentro del marco jurídico vigente?			
¿Se puede remitir a las partes a mediación en esta fase procesal?			
¿Existe algún procedimiento pendiente que implique a las mismas partes o a una de ellas en las mismas cuestiones o en cuestiones relacionadas?			
¿Hay muchas partes implicadas en el litigio o existe una alta probabilidad de que se ordene a un tercero intervenir en el proceso?			
Idoneidad del conflicto	**Sí**	**Duda**	**No**
Sobre la base de su experiencia ¿es posible la resolución de este conflicto?			
¿Es importante una resolución rápida del conflicto?			
¿Es probable que sea difícil ejecutar la resolución judicial?			
¿Es necesario que los elementos íntimos del conflicto sigan siendo confidenciales?			
¿Es posible que el conflicto sólo represente una parte de otros conflictos subyacentes no manifestados?			
¿Desempeñan las emociones un papel principal en el conflicto?			

Condiciones de buena voluntad	Si	Duda	No
¿Es importante para las partes mantener relación en el futuro?			
¿Es conveniente para las partes participar el resultado del conflicto?			
¿Es importante para las partes participar en la organización del proceso de reparación?			
¿Es importante para las partes que se produzca una aclaración pública?			
¿Apoyan los abogados o las partes la idea de una solución negociada/mediación?			

Beneficios de la mediación	Si	Duda	No
¿Ayudaría la mediación a restaurar el diálogo/relación entre las partes?			
¿Ayudaría la mediación a encontrar una solución adaptada que vaya más allá del marco jurídico aplicable?			
¿Ayudaría la mediación a revelar información delicada en un entorno confidencial?			
¿Ayudaría la mediación a establecer las condiciones para que se produzca una disculpa?			
¿Facilitaría la mediación la oportunidad a las partes de llevar a cabo una "comprobación de la realidad" con respecto a que sus posiciones y/o probabilidades prevalezcan en el conflicto?			

Fuente. Elaboración propia a partir de CGPJ, 2016

Conceptos relacionados
Delitos mediables, mediación penal intrajudicial, persona ofensora, protocolo para la mediación penal intrajudicial, víctima.

Normativa
Ley 1/2000, de 7 de enero, de Enjuiciamiento Civil (art. 19.4).

Selección bibliográfica
CGPJ. 2016. *Guía para la práctica de la mediación intrajudicial.* Madrid: CGPJ.

CÍRCULOS

El círculo es una práctica restaurativa que consiste en reunir a la víctima, a la persona ofensora, a las personas que los apoyan (familiares, amigos) y representantes claves de la comunidad (operadores jurídicos y agentes sociales) para averiguar las causas del delito y ayudar a que la persona infractora asuma su responsabilidad. Tuvo su origen en la década de los ochenta del siglo XX, en una experiencia pionera promovida por el juez Barry Stuart del Tribunal Territorial de Yukon (Canadá). Se denominan círculos de sentencia (sentencing circles) porque sirven de base o complemento a la sentencia. Sus dos principales características son la organización circular de quienes participan y su alto contenido espiritual. Como elemento simbólico para la ordenación del debate se utiliza un objeto que pasa de mano en mano a medida que hablan los diversos participantes. El objetivo de esta práctica restaurativa es promover la sanación de todas las partes afectadas, dando oportunidad a la persona ofensora para reparar el perjuicio causado; y brindar a las víctimas, personas ofensoras, miembros de las familias y comunidades, una voz y una responsabilidad compartida para hallar soluciones constructivas, tejiendo un sentido de comunidad alrededor de los valores culturales de ésta ó fomentando nuevos valores culturales a partir del hecho. Las sanciones más comunes como respuesta restauradora del delito son: restitución (pago de una suma de dinero) y servicio a la comunidad (trabajo realizado por la persona ofensora para beneficio de la comunidad).

Etapas:

1. Pre-encuentro:
   - Recepción del caso por parte del equipo restaurativo.
   - Evaluación del caso con todo el equipo restaurativo.
   - Designación de la persona facilitadora.
   - Identificación de un objeto simbólico (debe ser un objeto representativo para todos como una piedra, lápiz, libro etc.)
   - Reconstrucción por parte de la persona facilitadora de la versión subjetiva de cada una de las partes sobre el hecho, a través de entrevistas individuales. Se ayuda a nombrar los sentimientos que tengan (expresar la rabia, el dolor), cómo los ha afectado el daño, establecer cuáles han sido los rumores y a aclarar posiciones, creencias, estereotipos, necesidades, preocupaciones y prioridades.
   - Se citan a todas las partes involucradas.

2. Encuentro:
    - Preparación del lugar. Organización de todas las personas participantes en un círculo.
    - Fijación de las reglas de la reunión. El uso de la palabra está condicionado a tener el objeto simbólico. Para garantizar que todos puedan hablar, el objeto simbólico se pasará en el sentido de las manecillas del reloj. El tiempo debe ser moderado y en cada intervención se debe plantear ideas precisas. No portar ningún arma, no usar la violencia directa (golpes e insultos). Escucha activa, no interrumpir mientras la otra parte esta argumentando.
    - Comienzo de la reunión con una introducción por parte de la persona facilitadora.
    - Se continúa la reunión con la narración de las historias. Se le da la oportunidad a todos de exponer sus sentimientos y expresar su apoyo tanto a la víctima como a la persona ofensora.
    - Todas las personas participantes deben analizar el daño, sus implicaciones individuales y colectivas, sus causas, sus consecuencias, cómo evitar que se repitan y cuáles han sido las lecciones aprendidas.
    - Se elabora una lista de necesidades y de compromisos. Y se llega a un acuerdo.
    - Cierre.
3. Post-encuentro:
    - Seguimiento de la implementación del acuerdo.
    - Monitorización de las condiciones de seguridad de las partes.

- Se indaga acerca del restablecimiento de las relaciones entre todas las partes involucradas.

Además de los círculos de sentencia, atendiendo a su finalidad, se pueden dar: círculos de sanación (healing circles) para proporcionar apoyo a víctimas y victimarios; círculos de paz (peace circles) para tratar conflictos de forma pacificadora y preventiva; y círculos de apoyo y responsabilidad para prevenir la reincidencia en el caso de delitos contra la libertad e indemnidad sexual.

Conceptos relacionados

Conferencias, comunidad, conflicto, daño, empatía, persona facilitadora, prácticas restaurativas, reconciliación, reconocimiento mutuo, responsabilidad, reparación, responsabilidad, sanación, vergüenza reintegradora.

Selección bibliográfica

UNODC. 2020. *Handbook of Restorative Justice Programmes*. Second Edition. Vienna: United Nations.
Tamarit Sumalla, J. (Coord.). 2012. La justicia restaurativa: desarrollo y aplicaciones. Granada: Comares.

CÍRCULOS DE APOYO Y RESPONSABILIDAD

El Programa Círculos de Apoyo y Responsabilidad es una manifestación de justicia restaurativa para la prevención de la reincidencia de los delincuentes sexuales que aúna este objetivo con el de la reinserción de dichos penados. Su origen se remonta a 1994 cuando el religioso menonita Harry Nigh desarrolló círculos para personas condenadas por delitos sexuales que regresaban a la comunidad. Posteriormente se pusieron en marcha otras experiencias parecidas, todas con buenos resultados. Actualmente se cuenta con un modelo en Canadá, EEUU, Reino Unido, Holanda, Bélgica, Letonia, Bulgaria y España. El modelo español se lleva a cabo en Cataluña, llamado "Círculos de Soporte y Responsabilidad" (CERCLESCAT), subvencionado por el Departamento de Justicia de la Generalitat de Cataluña, es un programa de acompañamiento y supervisión de la vida en libertad de personas que han cometido un delito sexual considerados perfiles de alto riesgo. La intervención consiste en la realización de sesiones conjuntas entre personas voluntarias, profesionales y un ex penado por delincuencia sexual mediante la supervisión de una persona coordinadora. El grupo de personas voluntarias (el círculo interno), y el grupo de personas profesionales (el círculo externo), formando círculos concéntricos, acompañan al ex delincuente sexual de alto riesgo (denominado miembro central, en adelante MC) en el proceso de reinserción social. El círculo realiza una triple función: da apoyo al proceso de reinserción y ayuda al MC en las dificultades en las que se pueda encontrar durante este periodo; mantiene los objetivos establecidos por el tratamiento; y asegura que se mantenga la responsabilidad del MC ante las autoridades y la comunidad con el fin de evitar situaciones de riesgo de reincidencia. Para poder desarrollar estas funciones hay una colaboración constante entre el círculo interno y las personas responsables del tratamiento y las instituciones de supervisión y control (servicios de libertad condicional y policial principalmente), que constituyen el círculo externo.

Entre las características requeridas a las personas voluntarias que forman parte de un círculo destacan su diversidad respecto a edad, sexo, formación, actitudes, intereses y recursos personales. También es fundamental la competencia para manejar relaciones interpersonales complejas. Por ello, son fundamentales los procesos de captación, selección, formación y supervisión de éstas. La formación se lleva a cabo por parte de las personas coordinadoras e incluye un seminario en el que se trabajan aspectos básicos sobre el contexto penitenciario, el tratamiento y gestión del riesgo con delincuentes sexuales y los protocolos y procedimientos de funcionamiento de los círculos. Por su parte, el proceso de selección de los MC se hace teniendo presente aspectos como que el penado por un delito sexual se encuentre en un proceso "real" de reintegración (esto es, en régimen abierto o cercano a éste); que evidencie un alto nivel de necesidades en relación al capital humano y social; que haya superado favorablemente el programa de control de la agresión sexual implementado en prisión; que reconozca el delito y manifieste motivación por el cambio; que cuente con un plan de prevención de recaídas; que se haya valorado un riesgo entre moderado y alto de reincidencia; y por último, pero primordial, que quiera participar en círculos de forma voluntaria. Cabe destacar que quedan excluidas como posibles MC aquellas personas con rasgos de psicopatía y déficits cognitivos, puesto que eso imposibilitaría que pudieran cumplir algunos de los requisitos antes citados.

El círculo funciona mediante: reuniones periódicas entre el grupo de voluntarios y el MC; apoyo moral e instrumental al MC en el proceso de reincorporación al medio social y actividades sociales (excursiones, actividades de ocio o encuentros informales). Cada persona coordinadora supervisa tanto la actividad del grupo, como la de cada persona voluntaria y la evolución del MC mediante entrevistas y asistencia a una parte de las reuniones; cada trimestre, las personas voluntarias conjuntamente con la persona coordinadora evalúan la evolución del MC mediante una escala de evaluación de riesgo dinámico, específicamente diseñada para el programa; y la persona coordinadora mantiene también contactos periódicos con los equipos que forman el círculo externo con el fin de intercambiar información sobre los progresos y aspectos de riesgo mostrados por el MC y planificar actuaciones coordinadas.

Conceptos relacionados
Asistencia al ex delincuente, círculos, comunidad, prácticas restaurativas, programa restaurativo, responsabilidad.

Selección bibliográfica
Elliot, I. y Beech, A. 2012. A U.K. cost-benefit analysis of Circles of Support and Accountabi-lity interventions. En *Sexual Abuse: A Journal of Research and Treatment*, 25(3).
García Díez, C., Montes Alcaraz, A. y Soler Iglesias, C. 2015. Evaluación, tratamiento y gestión del riesgo de delincuentes sexuales. Propuestas para una actualización del modelo. En *Intervención psicoeducativa en la desadaptación social: IPSE-ds*, n° 8.
Höing, M., Duke, L. H. Y Völm, B. 2015. *European Handbook. COSA, Circles of Support and Accountability*, 2° edición revisada. Breda, Circles4EU. Disponible en: https://cutt.ly/KkXw4hp.

CÍRCULOS DE REENTRADA PARA LA CONVIVENCIA

Práctica restaurativa en caso de delitos graves, cuyo objetivo es preparar para la vuelta a la comunidad, a personas que se hallan cumpliendo una pena privativa de libertad y van a acceder pronto al tercer grado o bien acaban de cumplir la condena. Se estructura en tres fases:

- Pre-círculo: la persona facilitadora contacta con la persona interna y sus familiares para tratar su reincorporación de forma responsable en la convivencia social. También, contacta, con la víctima y su familia para darles la oportunidad de participar en una reunión conjunta y expresar sus pensamientos y sentimientos.

- Círculo: reunión conjunta, de forma circular, en la que la persona ofensora y su familia, algunos miembros de la comunidad, y también, la víctima y su familia, en el caso de que hayan querido participar, a través de la persona facilitadora, manifiestan y buscan la mejor forma de que la persona ofensora se reintegre en la comunidad.

- Post-círculo: la persona facilitadora y su equipo evalúan, pasado un tiempo, como se encuentran las personas participantes del círculo, en particular la persona ofensora, en relación con las decisiones acordadas de recuperación de una convivencia más justa y pacífica.

Conceptos relacionados
Asistencia al ex delincuente, asertividad, círculos, círculos de apoyo y responsabilidad, daño, comunidad, prácticas restaurativas, programas restaurativos, responsabilidad.

Selección bibliográfica

Varona Martínez, G. 2023. Habitar ciudades restaurativas: una red emergente para sostener círculos de reentrada para la convivencia y foros atemporales de verdad y memoria para los delitos sin esclarecer, en particular en violencia política, en Varona Martínez, G. (Dir.). *Repensar la justicia restaurativa desde la diversidad: claves para su desarrollo práctico e investigación teórica y aplicada.* Valencia: Tirant lo Blanch.

CÓDIGO PENAL (REFERENCIAS A MEDIACIÓN Y REPARACION)

Art. 21.5. Atenuante de reparación del daño, simple o muy cualificada.

Art. 21.7. Atenuante analógica.

Art. 84.1. El Juez o Tribunal también podrá condicionar la suspensión de la ejecución de la pena "al cumplimiento del acuerdo alcanzado por las partes en virtud de mediación".

Art. 90.2. Contempla la participación en programas de reparación a las víctimas para el adelantamiento de los cómputos de libertad condicional de noventa días por año efectivamente cumplido.

Conceptos relacionados

Atenuante(s), daño, delito, mediación penal intrajudicial, reparación.

Normativa

Ley Orgánica 10/1995, de 23 de noviembre, del Código Penal (arts. 21.5° y 21.7°, 84.1 y 90.2).

CO-MEDIACIÓN

La co-mediación es el trabajo coordinado de dos o más personas mediadoras en un mismo proceso restaurativo que en la mayoría de los casos provienen de disciplinas diversas, por lo que será muy importante su capacidad de complementación. Para lograr dicha complementación, deberán reunirse para planificar el trabajo y establecer las estrategias adecuadas durante todo el itinerario restaurativo. Su trabajo está guiado por los principios de respeto muto, flexibilidad y adaptabilidad; y en caso de divergencias deberán preservar el espacio de mediación y trabajarlas fuera de las sesiones para evitar perder la imparcialidad o neutralidad. Para organizar el trabajo es conveniente que se planteen las personas co-mediadoras las siguientes preguntas:

1º) ¿Como contactar con las partes?

2º) ¿Quién se ocupa de cada parte, o se ocuparán de ambas partes de forma indistinta?

3º) Establecer un plan respecto al número de sesiones previsto.

4º) ¿Quién abre y cierra las sesiones?, ¿Quién conduce la entrevista?

5º) Dentro de la sesión como deberá intervenir la persona mediadora que no dirige la sesión. Por ejemplo: observar la comunicación no verbal de los participantes...

6º) Como se colocan las partes en las sesiones.

7º) Como redactar los acuerdos en el caso que sea necesario.

Conceptos relacionados

Asertividad, conflicto, mediación entre víctima y ofensor, modelos teóricos-metodológicos de mediación, persona facilitadora, principios de la mediación penal, técnicas de mediación.

Selección bibliográfica

Brandoni, F. (Comp.). 2011. *Hacia una mediación de calidad*. Buenos Aires: Paidós.

Martinez Camps, M. M. 2016. Formación y habilidades de los mediadores. En Cervelló Donderis, V. (Dir.). *Cuestiones prácticas para la aplicación de la mediación penal*. Valencia: Tirant lo Blanch.

COMUNIDAD

El término comunidad se concibe como la unión de grupos sociales que comparten un territorio, un lenguaje y una cultura. Esta unión se basa en vínculos emocionales y afectivos que emanan de las relaciones humanas esenciales. Lo que confiere identidad a una comunidad no es el conjunto de instituciones creadas sino el conocimiento de la gama de relaciones y vínculos sociales que se establecen entre los miembros de un contexto geográfico determinado. La comunidad sufre el impacto del delito y debe ser considerada como parte interesada en su calidad de víctima secundaria. La justicia restaurativa centra su atención en "comunidades de cuidado" o "microcomunidades" de lugar o de relaciones, que se ven directamente afectadas por una ofensa. La segmentación en la comunidad provoca una despersonalización de la vida social, de tal forma que las personas se relacionan en menor medida y ello genera una situación con cantidades limitadas de información respecto de los demás. Sabemos menos sobre las otras personas y tenemos posibilidades limitadas tanto de comprender como de predecir sus comportamientos. Si surge un conflicto, nuestra capacidad para hacer frente a la situación es menor. Los procesos restaurativos dan protagonismo a la comunidad, a través de sus miembros, contribuyendo al fortalecimiento de los lazos entre las personas y evitando la desintegración de la comunidad que deviene en la creación de personas adversarias y no ciudadanía.

Conceptos relacionados

Conflicto, delito, mediación comunitaria, mediación intercultural, proceso restaurativo, víctima.

Selección bibliográfica

Amar Amar, J. A. y Alcalá Castro, M. 2001. *Políticas sociales y modelos de atención integral a la infancia*. Barranquilla: Uninorte.
Christie, N. 1977. Conflicts as property. En *The British Journal of Criminology*, vol. 17, n° 1.

CONFERENCIAS

Es la manifestación más intensa y personal de justicia restaurativa. Esta práctica entiende que la víctima y la persona ofensora no son las únicas personas afectadas por el daño, por eso involucran a familias, amistades, compañeras, compañeros o personas claves y cercanas, siendo guiadas por una persona facilitadora. Tuvo su origen en

Nueva Zelanda en 1989, donde se retomaron las prácticas tradicionales del pueblo maorí para ser usadas, en especial, con jóvenes infractores y operaron a través de los servicios sociales que se encargó de la organización y facilitación del proceso con apoyo de la policía. En algunos países se han desarrollado modelos específicos, así en Australia las conferencias fueron introducidas por agentes de policía de Nueva Gales del Sur en 1991 denominándose "modelo waga waga", implicaban el rol de policía como facilitador. Entre sus objetivos se encuentra: dar a la víctima una oportunidad de estar directamente involucrada en la discusión sobre la respuesta al delito; concienciar a la persona ofensora sobre el impacto de su comportamiento proporcionándole la oportunidad de tomar responsabilidad por ello; y buscar el apoyo y la participación de las familias y la comunidad más cercana para crear conciencia sobre la dimensión social tanto del delito como de la reparación. Este enfoque ha prestado especial atención a la dinámica de la vergüenza y se esfuerza mucho por usarla de una manera positiva. Un elemento característico de la conferencia es la realización de un consejo familiar en algún momento del proceso, donde la persona ofensora y su familia se retiran a otra habitación para conversar acerca de lo que ha sucedido y elaborar una propuesta que será presentada ante la víctima y los demás participantes en la conferencia. En Canadá y otros países se utiliza para casos de violencia familiar y en otros Estados se extiende en el ámbito penitenciario. Suelen ser menos amplias que los círculos en cuanto a los participantes y en cuanto a su desarrollo en el tiempo.

Etapas:
1. Pre-Encuentro:
   - Recepción del caso por parte del equipo restaurativo.
   - Evaluación del caso con todo el equipo restaurativo.
   - Designación de la persona facilitadora.
   - Análisis del caso: tiempo del conflicto, relación actual entre las partes.
   - Entrevista por separado con las partes directas e indirectas del conflicto. Reunión con la persona ofensora y su familia para identificar su posición frente al hecho y las causas que la llevaron a cometerlo. Reunión con la víctima y su familia para conocer sus demandas y expectativas del encuentro.
   - Reconstrucción por parte de la persona facilitadora de la versión subjetiva de cada una de las partes sobre el hecho. Se ayuda a nombrar los sentimientos que tengan (expresar la rabia, el dolor), cómo les ha afectado el daño, establecer cuáles han sido los rumores y a aclarar posiciones, creencias, estereotipos, necesidades, preocupaciones y prioridades.
   - Se cita a todas las partes involucradas.
2. Encuentro:
   - Preparación del lugar.
   - Fijación de las reglas de la reunión. No portar ningún arma, no usar violencia directa (golpes e insultos), escucha activa, no interrumpir mien-

tras la otra parte esta argumentando. Si las partes aceptan voluntariamente se pasa al siguiente punto, de lo contrario la persona facilitadora debe suspender el proceso y plantear una intervención diferente.

- Comienzo de la reunión con una introducción por parte de la persona facilitadora.
- Se continúa la reunión con la narración de las historias: se le da la palabra a la persona ofensora, solicitándole que cuente su versión de los hechos. A continuación se le pide a la víctima que describa su experiencia y cómo le afectó. Y posteriormente, se le da la palabra a las personas de apoyo para que manifiesten cómo se vieron afectadas.
- Todos los participantes deben reconocer el daño causado a la víctima y deben decidir cuál es la acción que debe tomar la persona ofensora para reparar el perjuicio causado y determinar cómo la van a apoyar para que lo logre.
- Acto de petición de perdón y re-significación del hecho
- Se elabora una lista de compromisos y necesidades. Se llega a un acuerdo.

3. Post-encuentro:
   - Seguimiento de la implementación del acuerdo.
   - Monitorización de las condiciones de seguridad de las partes.
   - Se indaga acerca del restablecimiento de las relaciones entre todas las partes involucradas.

Conceptos relacionados
Círculos, comunidad, conflicto, daño, empatía, persona facilitadora, prácticas restaurativas, reconciliación, reconocimiento mutuo, responsabilidad, reparación, responsabilidad, sanación, vergüenza reintegradora.

Selección bibliográfica
UNODC. 2020. *Handbook of Restorative Justice Programmes*. Second Edition. Vienna: United Nations.
Tamarit Sumalla, J. (Coord.). 2012. *La justicia restaurativa: desarrollo y aplicaciones*. Granada: Comares.

CONFLICTO

Es una construcción social, un proceso interactivo inherente a las dinámicas sociales diferenciado de la violencia (puede haber conflicto sin violencia, aunque no violencia sin conflicto), con posibilidades de ser conducido, transformado y superado por las mismas partes, con o sin la ayuda de terceros. Suele ser producto de un antagonismo o de una incompatibilidad entre dos o más partes, siendo el complejo resultado de valoraciones, pulsaciones, afectos, creencias, etc., que expresan una insatisfacción o desacuerdo sobre cosas diversas.

Clases:

- Positivo: se expresa de manera constructiva, hay cambios personales, sociales, económicos y/o políticos.
- Negativo: se expresa, aborda y termina de forma violenta, destructiva, con daños y víctimas.
- Particulares: involucran a un grupo limitado de personas.

- Comunitarios: afectan a un grupo mayor (barrio, escuela, Estados, etc.).

Dimensiones en cuanto al objeto del conflicto:

- Objetiva: el objeto del conflicto lo constituye bienes específicos como ingresos, estatus, poder, territorio, etc.

- Subjetiva: el objeto del conflicto viene determinado por actitudes como la hostilidad, el odio, el resentimiento, la ira, etc. A veces acompañan a causas objetivas, otras veces se busca básicamente liberar impulsos agresivos y no tiende a un objetivo funcional.

- Estructural: está constituida por la sedimentación de las injusticias y desigualdades sociales. Pobreza, marginalidad, exclusión, traumas, etc. En un medio hostil, la agresividad resulta una forma de adaptación y supervivencia.

Dimensiones en cuanto a las partes del conflicto:

- Comportamiento del sujeto parte del conflicto (nivel visible): respuesta exterior ante un estímulo por presencia o ausencia.

- Actitud del sujeto parte del conflicto (nivel latente): predisposición afectiva a favor o en contra del objeto del conflicto que se proyecta en el comportamiento.

- Contradicción (nivel latente): organización duradera de creencias y cogniciones del sujeto consecuencia del imaginario social interiorizado por éste a través de la socialización primaria y secundaria. Determina la percepción, valoración y decisión del sujeto acerca del objeto del conflicto (actitud y por ende comportamiento). Es la raíz del conflicto.

Niveles del conflicto:

- Mentalidad dualista: las personas en la construcción de la propia conciencia y la estructuración del lenguaje se basan en la diferenciación entre un "yo" y un "otro", entre un "sujeto" y un "objeto".

- Necesidades humanas básicas: la relación "yo-otro" o "sujeto-objeto" está separada y mediada por la noción de "necesidad" (o estado de carencia percibido por la persona) que opera como un vacío y activa el deseo o impulso consciente y competente articulador del pensamiento, el lenguaje y la conducta. Las personas identifican un objeto-objetivo y ejecutan una acción para alcanzar dicho objetivo.

- Intereses individuales: las personas tienen unos intereses o preocupaciones fundamentales que se resumen en: aprecio, afiliación, autonomía, equidad y rango; y se cruzan, a su vez, con cuatro estándares: justicia, honestidad, coherencia y libertad; y condiciones contextuales, sociales, grupales y relacionales. Si en una relación interpersonal, intergrupal o institucional, cualquiera de los estándares fuera obviado o traicionado, se desencadena la emoción contenida que se asocia a uno, varios o todos los intereses.

- Relación y comunicación interpersonal: los tres niveles anteriores constituyen el sistema invisible que informa al comportamiento visible, que es la relación y comunicación interpersonal. La consciencia o necesidad activa el deseo de satisfacerla, esa sensación de necesidad puede ser compartida por más de una persona. Pero cuando el recurso es limitado, entonces se generan partes y aflora tensión entre ellas, así queda dispuesto el conflicto.

Escalada del conflicto:

- Incomodidad: Se sospecha que algo no va bien, aunque no se está seguro. La opción más recurrente consiste en pensar que ignorando la situación, mejorará.
- Malentendidos: hacen aumentar la incomodidad, se tiene la certeza de la existencia de un problema, aunque no esté identificado, por lo que se tiende a realizar suposiciones. El comportamiento habitual consiste en la evitación o la confrontación, con la esperanza de modificar las cosas.
- Incidentes: Aparecen situaciones (incidentes) con la forma de comentarios hirientes, irrespetuosos, o incluso amenazantes, formándose imágenes negativas entre las partes integrantes del conflicto.
- Tensiones: A partir de estos incidentes, la situación se va volviendo más tensa, se adoptan posiciones antagónicas. Lo habitual suele ser adherir a otros individuos a cada uno de los lados.
- Crisis: la situación ha alcanzado un punto explosivo, y se siente la necesidad de confrontación (luchar) o de alejarse lo más posible (huir).

Gestión del conflicto:

- Identificar el conflicto: reconocer sus dimensiones en cuanto al objeto y reconocer sus dimensiones en cuanto a las partes
- Entender el conflicto: emerger el nivel latente de la actitud y contradicción de las partes para poder reconocer los patrones de conducta y el compromiso

personal ligado al objeto de litigio. Así como, determinar los niveles del conflicto de cada una de las
partes y acceder al imaginario social y cultural donde
se integran.
* Transformar positivamente el conflicto a través del
  diálogo.

Conceptos relacionados
Asertividad, empatía, estigmatización, perdón, resiliencia, responsabilidad.

Selección bibliográfica

Alzate Sáez de Heredia, R. 1998. *Análisis y Resolución de
Conflictos. Una perspectiva psicológica.* Bilbao: UPV/EHU.
Fisas, V. 1998. *Cultura de Paz y Gestión de Conflictos.*
Madrid: Icaria.
Galtung, J. 1998. *Tras la Violencia 3 R. Reconstrucción,
Reconciliación, Resolución. Afrontando los efectos visi-
bles e invisibles de la Guerra y la Violencia.* Madrid: Red
Gernika Gogoratuz.
Hocker, J. / Wilmot, W. 1985. *Intepersonal Conflict.*
Dubuque-Iowa: Wm. C. Brown Publishers.
Loy, D. 2000. *No Dualidad.* Barcelona, Kairos.
Max-Neef, M. 1998. *Desarrollo a Escala Humana.* Bar-
celona: Icaria.

CONFORMIDAD

La mediación penal intrajudicial se articula a través de
la conformidad en el caso de que el proceso restaurativo
finalice con éxito. Es un acto de disposición de la pretensión penal efectuado por la defensa como manifestación del principio de oportunidad. No se trata con ella

de excluir el proceso y consiguientemente la sentencia de fondo y la pena, sino todo lo contrario, de ponerle fin mediante el allanamiento de la defensa a la petición de pena. Queda recogida para el proceso ordinario por delitos graves en los arts. 655 y 688.2 del Real Decreto de 14 de septiembre de 1882 por el que se aprueba la Ley de Enjuiciamiento Criminal (en adelante LECrim). Se exceptúa la conformidad para aquellos delitos cuya pena excede de seis años. Para el proceso abreviado por delitos menos graves se recoge en el art. 787 LECrim; y en el proceso de diligencias urgentes en el art. 801 de la LECrim.

Conceptos relacionados

Atenuante(s), mediación penal intrajudicial, principio de oportunidad (reglada), proceso debido (derecho a un) y mediación penal intrajudicial, protocolo para mediación penal intrajudicial, relación entre justicia retributiva y justicia restaurativa.

Normativa

Real Decreto de 14 de septiembre de 1882 por el que se aprueba la Ley de Enjuiciamiento Criminal (arts. 655, 688.2, 787 y 801).

CONTROL SOCIAL

Desde la socialización primaria hasta la socialización secundaria nuestras conductas son debidas a las normas sociales y jurídicas que forman la cultura dominante de nuestro contexto. Las normas sociales son en mayor medida más estigmatizantes y gozan de una característica que las hace impermeables al cambio, o al menos muy difíciles de deconstruir, y es precisamente la normalización, que actúa como una tecnología de poder, y ubica a las personas que las transgreden a un espacio de abyección. He aquí el control social informal, que a pesar del (in) radican en ella mayor fuerza y formalidad, puesto que no pueden ser derogadas. Las normas jurídicas, y en este caso penales, constituyen el control social formal, gozando de consecuencias jurídicas en caso de incumplimiento, y sí pueden ser derogadas. Este binomio de normas reinantes no pueden entenderse de forma separada, cada una de ellas interacciona en las otras. En todo caso, ambas abocan a las personas a comportarse conforme a ellas para lograr que el orden social se rija en función de un sistema de expectativas.

Conceptos relacionados
Criminología crítica, estigmatización, teoría del etiquetamiento.

Selección bibliográfica
Foucault, M. 2002. *Vigilar y castigar*. Buenos Aires: Siglo XXI Editores Argentina.
Garland, D. 2004. *La cultura del control. Crimen y orden social en la sociedad contemporánea*. Barcelona: Gedisa.

CRIMINOLOGÍA CRÍTICA

Esta corriente criminológica[1] se ha enfocado en examinar de forma permanente el ejercicio del poder punitivo y su relación con el delincuente, centrándose en los conceptos de justicia y derechos humanos. Para la criminología crítica, el delito es un resultado del conflicto social que enfrenta a individuos y grupos con intereses e ideologías diferentes, que luchan por imponerse, donde el papel del Estado, utilizando el Derecho como un medio, es el de tratar el conflicto de modo pacífico y justo, garantizando los derechos de todos. Ha sido muy útil en el análisis, entre otras, de las situaciones de encierro desde un enfoque reintegrador resaltando que tales situaciones representan una seria afectación de la vida de las personas involucradas y de toda la comunidad, que requiere de un esfuerzo de restauración; y se establece el foco de atención en las necesidades de las víctimas y de las personas autoras del delito en lugar de privilegiar la aplicación de sanciones legales punitivas. En este espacio, la criminología crítica se relaciona con la justicia restaurativa, en el sentido de que la persona ofensora debe hacerse responsable de sus acciones y de ese modo iniciar un proceso de comprensión y valoración de sus relaciones tanto con las otras personas, como con la comunidad y con la ley.

---

[1]   Las cinco claves criminológicas en las que se manifestó el paradigma crítico fueron: el conflicto, la desviación secundaria, la justicia de clase, la apreciación al desviado y el abolicionismo.

Conceptos relacionados
Abolicionismo, conflicto, control social, estigmatización, responsabilidad, teoría del etiquetamiento.

Selección bibliográfica
García-Pablos de Molina, A. 2016. *Criminología. Una introducción a sus fundamentos teóricos*, 8ª ed. Valencia: Tirant lo Blanc.
Garland, D. y Sparks, R. 2000. Criminology, social theory and the chalange of our times. En *British Journal of Criminology*, 40 (2).
Silva García, G. 2008. La teoría del conflicto. Un marco teórico necesario. En *Prolegómenos. Derecho y Valores*, 11, (22).

CULPABILIDAD

Es el eje de todo el sistema de justicia criminal y guía el proceso penal. Toma en cuenta la relación (subjetiva) personal entre sujeto y acción. Consiste en la determinación y desaprobación del enlace personal y subjetivo entre el autor y su acción. Este enlace es irrepetible y eminentemente individual. Cabe distinguir tres planos en la culpabilidad: la culpabilidad procesal, que se basa en la autoría del acusado y en la existencia de todos los elementos objetivos y subjetivos del tipo penal; La culpabilidad fundamentadora de la pena, que comprende la totalidad de los presupuestos jurídicos que fundamentan, restringen o excluyen la responsabilidad individual del autor de un comportamiento antijurídico y amenazado con pena; y la culpabilidad en la determinación de la pena, que consiste en la totalidad de presupuestos subjetivos de la punibilidad y en la responsabilidad del autor por el injusto culpable, así como por su comportamiento previo y posterior al hecho, junto con el conjunto de factores de los que se deriva el grado de reprochabilidad del hecho de cara a la determinación de la pena. No obstante, la conducta humana, de cuya libertad parte la culpabilidad, no queda abarcada por las exigencias de las leyes, pues el espectro de posibilidades de que dispone la persona en el momento de la decisión se ve reducido por un sinfín de factores causales, como son la edad, vivencias, educación, disposición, etc. No cabe sentencia que tenga en cuenta todos y cada uno de esos elementos que pueden haber influido en la formación de la voluntad del sujeto. En la práctica judicial la culpabilidad solo se aplica como parámetro de medición de la pena, en cuanto que obliga a la sentencia judicial a fijarse en los hechos y no incluye en el proceso penal la historia vital del acusado.

Conceptos relacionados

Atenuante(s), control social, daño, delito, estigmatización, relación entre justicia retributiva y justicia restaurativa.

Selección bibliográfica

Jescheck, H. H. 2003. Evolución del concepto jurídico penal de culpabilidad en Alemania y Austria. En *Revista Electrónica de Ciencia Penal y Criminología*, n° 5.
Torío López, A. 1988. Indicaciones metódicas sobre el concepto de culpabilidad. En *Cuadernos de política criminal*, n° 36.

CULTURA DE PAZ

Conjunto de valores, actitudes, tradiciones, comportamientos y estilos de vida basados en: el respeto a la
vida, el fin de la violencia, la promoción y la práctica
de la no violencia por medio de la educación, el diálogo
y la cooperación; el respeto pleno de los principios de
soberanía, integridad territorial e independencia política de los Estados y de no injerencia en los asuntos que
son esencialmente jurisdicción interna de los mismos,
de conformidad con la Carta de las Naciones Unidas
y el Derecho Internacional; el respeto pleno y la promoción de todos los derechos humanos y las libertades
fundamentales; el compromiso con el arreglo pacífico
de los conflictos; los esfuerzos para satisfacer las necesidades de desarrollo y protección del medio ambiente
de las generaciones presente y futuras; el respeto y la
promoción del derecho al desarrollo; el respeto y el
fomento de la igualdad de derechos y oportunidades
de mujeres y hombres; el respeto y el fomento del derecho de todas las personas a la libertad de expresión,
opinión e información; la adhesión a los principios de
libertad, justicia, democracia, tolerancia, solidaridad,
cooperación, pluralismo, diversidad cultural, diálogo y
entendimiento a todos los niveles de la sociedad y entre
las naciones; y animados por un entorno nacional e internacional que favorezca a la paz.

Conceptos relacionados
Comunidad, justicia de paz, justicia transicional.

Normativa
Resolución 53/243 aprobada por la Asamblea General el 6 de octubre de 1999, sobre Declaración y Programa de Acción sobre una Cultura de Paz Naciones Unidas.

D

DAÑO

La comisión de un delito lleva consigo múltiples perjuicios para la víctima, tales como daño físico, psíquico, patrimonial y social. La justicia penal ubica estos daños en el concepto de responsabilidad civil que prevé la reparación de los mismos vía restitución —si fuera posible— o mediante una cantidad económica valorada según criterio judicial. En el ámbito de la justicia restaurativa, la significación del daño no es coincidente con la justicia punitiva ya que para la justicia restaurativa el foco fundamental se centra en sanar los lazos rotos por el delito.

Conceptos relacionados
Conflicto, culpabilidad, delito, derechos de las víctimas, perdón, reconciliación, resilencia, vergüenza reintegradora, víctima, victimización.

DELITO

La definición de delito varía a través del tiempo y del espacio, a menudo de forma arbitraria. Una vez que se criminaliza cierto evento o conducta, se define la realidad de manera diferente, en forma, que quizás no corresponde con la experiencia de las partes de un conflicto. Para la justicia retributiva es una ofensa contra la ley y el Estado que genera culpabilidad y es el Estado a través de sus órganos legislativos quien debe determinar la culpabilidad y establecer el correspondiente castigo. Este concepto de delito tiende a enfocarse en abstracciones más que en el daño causado, de hecho se limitan las posibilidades de comprender lo acontecido y de organizar la respuesta, produciéndose un gran distanciamiento de la realidad a causa de una estructura punitiva burocrática rígida. Por el contrario, para la justicia restaurativa el delito es una ofensa contra las personas y las relaciones interpersonales que genera obligaciones y representa una ruptura en la red de relaciones sociales, por la que se crea una deuda que tiene que subsanarse y la justicia es el medio para ello.

Conceptos relacionados
Conflicto, control social, culpabilidad, daño, relación entre justicia retributiva y justicia restaurativa, reconciliación, responsabilidad, suceso traumático.

Selección bibliográfica
Christie, N. 2004. *Una sensata cantidad de delito*. Buenos Aires: Editores del Puerto.
– 2019. *Los límites del dolor*. Santiago: Olejnik.
Hulsman, L. 1995. La criminología crítica y el concepto de delito. En Bustos Ramirez, J. (Dir.). *Prevención y teoría de la pena*. Santiago: Conosur.

DELITOS MEDIABLES

No existe regulación positiva sobre las causas penales susceptibles de mediación. Así, en la práctica podrá derivarse a mediación cualquier hecho delictivo, con independencia del bien jurídico protegido, cuando estén especificadas las posiciones de víctima y persona agresora por parte del juzgado y no se oponga el Ministerio Fiscal. Con dos excepciones: los casos de violencia de género, al estar expresamente prohibido en el art. 87 ter apartado 5 de la Ley Orgánica 6/1985, de 1 de julio, del Poder Judicial; y los casos de violencia sexual, al estar, así mismo, expresamente prohibido en el art. 3.1 *in fine* del EV (apartado introducido por la Disposición final duodécima de la Ley 10/2022, de 6 de septiembre, de garantía integral de la libertad sexual). La Guía para la práctica de la mediación intrajudicial del CGPJ contempla como delitos mediables, por ser donde la mediación se ha utilizado con mayor frecuencia, sin constituir un catálogo cerrado: lesiones; delitos contra la libertad; delitos de omisión del deber de socorro; delitos contra la intimidad; delitos contra el derecho a la propia imagen y la inviolabilidad de domicilio; delitos contra el honor; delitos contra las relaciones familiares; delitos contra el patrimonio y el orden socioeconómico; y delitos de falsedades. En cuanto a los delitos no aptos de mediación, además de los delitos por violencia de género y violencia sexual, excluidos *ab initio*, se encuentran: los delitos contra la administración de justicia o funcionarios públicos; los delitos cometidos por personas con trastornos mentales; causas con preso; delitos sin daños; y delitos sin víctimas directas.

Conceptos relacionados
Circuito de derivación en mediación penal intrajudicial, delito, mediación penal intrajudicial, protocolo para mediación penal intrajudicial, vetos a la mediación penal intrajudicial.

Normativa
Ley Orgánica 6/1985, de 1 de julio, del Poder Judicial (art. 87 ter apartado 5).
Ley 4/2015, de 27 de abril, del Estatuto Jurídico de la Víctima del (art. 3.1).
Ley Orgánica 10,2022, de 6 de septiembre, de garantía integral de la libertad sexual.

Selección bibliográfica
CGPJ. 2016. Guía para la práctica de la mediación intrajudicial. Madrid: CGPJ.

DERECHO PENAL DEL ENEMIGO

El concepto de Derecho Penal del enemigo fue introducido por Günther Jakobs en un congreso de penalistas celebrado en Frankfurt en mayo de 1985, en el contexto de una reflexión sobre la tendencia en Alemania hacia la criminalización en el estadio previo a una lesión del bien jurídico. El mismo autor profundizó en dicho concepto en el congreso de Berlín de octubre 1999. Las características básicas del Derecho penal del enemigo serían las siguientes: no es necesario que el sujeto haya delinquido sino simplemente que se le suponga perteneciente a un colectivo o grupo catalogado como enemigo del sistema y bastaría la preparación, la conspiración o el simple hecho de omitir determinadas conductas (la no condena de un comportamiento, por ejemplo); un mayor agravamiento de las penas, llegando a ser absolutamente desproporcionadas; y un desprecio por las garantías procesales, así como una vulneración de derechos reconocidos en toda acción penal. Para Jakobs coexisten dos sistemas penales, el Derecho Penal del ciudadano, dirigido a personas, y el Derecho Penal del enemigo, dirigido a no-personas. El Derecho Penal del ciudadano define y sanciona delitos que llevan a cabo los ciudadanos de un modo incidental y que son la expresión de un abuso por parte de los mismos de las relaciones sociales en que participan desde su estatus de ciudadanos. Mediante el Derecho Penal del enemigo, el estado ya no dialoga con ciudadanos, sino que combate a sus enemigos, es decir, combate peligros y su reacción se dirige hacia el aseguramiento frente a hechos futuros. En este sentido, el sujeto peligroso catalogado como enemigo se caracteriza por haber abandonado el derecho de forma permanente, lo cual supone una clara amenaza para la sociedad. A la hora de enfrentarlos, no cabe la comunicación, renunciándose a la corrección y resocialización del delincuente, aspirándose tan sólo a su inocuización. El Derecho Penal del enemigo se opone drásticamente a la justicia restaurativa, se extiende de forma irrefrenable en los ordenamientos jurídicos y encuentra su legitimidad en la lucha contra el terrorismo, como ejemplo más paradigmático.

Conceptos relacionados
Control social, culpabilidad, delito, teoría del etiquetamiento.

Selección bibliográfica
Cancio Meliá, M. y Jakobs, G. 2005. *Derecho penal del enemigo*. Bogotá: Universidad del Externado de Colombia.

DERECHO PENAL MÍNIMO

Frente a las doctrinas abolicionistas, se erigen aquellas que pretenden demostrar que los costos que puede generar una especie de anarquía punitiva nacida de la total ausencia del Derecho Penal, es mayor a los costos que el propio Derecho Penal provoca. Tomando como punto de partida, por un lado, el hecho de que el delito (como acción contraria a un orden preestablecido) existe y, por el otro, que también es real el sentimiento de venganza, nos encontramos ante un conflicto violento que se verifica en ambas direcciones. La ley penal debería dirigirse entonces a disminuir las consecuencias de esta doble violencia. La única justificación que podría encontrarse para el Derecho Penal, estaría verificada si la suma de violencias consecuentes del conflicto delito-venganza, que el mismo sistema penal puede prevenir, es superior a la violencia institucional generada por las penas conminadas para aquellos delitos. Debe comprenderse que la seguridad y la libertad de los individuos, no sólo está amenazada por los delitos tipificados, sino también por la aplicación de penas excesivas y por arrestos o por controles policiales arbitrarios.

Conceptos relacionados

Abolicionismo, control social, delito, minimalismo penal.

Selección bibliográfica

Ferrajoli, L. 1986. El Derecho Penal mínimo (trad. de Bergalli, R.). En *Poder y Control*, nº 0. Barcelona: P.P.U.

DERECHOS DE LA VÍCTIMA DEL DELITO

La protección a la víctima de un delito, desde el ordenamiento jurídico, se funda en un concepto amplio de reconocimiento y apoyo, en aras a la salvaguarda integral de la misma. Es necesario ofrecer a la víctima: las máximas facilidades para el ejercicio y tutela de sus derechos, con la minoración de trámites innecesarios que supongan una segunda victimización; otorgarle una información y orientación eficaz de los derechos y servicios que le corresponden; la derivación por la autoridad competente; un trato humano; y la posibilidad de hacerse acompañar por la persona que designe en todos sus trámites, sin perjuicio de la representación procesal que proceda, entre otras medidas. El Título I del EV sistematiza los derechos básicos de la víctima del delito, el Título II establece los derechos de la víctima dentro de su participación en el proceso penal y el Título III contiene los derechos de protección que le amparan.

Derechos básicos:

1. Derecho a entender y ser entendida en cualquier actuación que deba llevarse a cabo desde la interposición de una denuncia y durante el proceso penal.

2. Derecho a la información desde el primer contacto con las autoridades competentes.

3. Derecho a obtener una copia de la denuncia debidamente certificada y la asistencia lingüística gratuita; y a la traducción escrita de la copia de la denuncia presentada, cuando no entienda o no hable ninguna de las lenguas que tengan carácter oficial en el lugar en el que se presenta la denuncia.

4. Derecho a recibir información sobre el proceso penal, la causa y resoluciones que afecten al procedimiento y a la ejecución de condena de la persona infractora en su caso.

5. Derecho a un período de reflexión en el que las/los abogadas/os y procuradoras/es no podrán dirigirse a las víctimas directas o indirectas de catástrofes u otros sucesos que hubieran producido un número elevado de víctimas y que puedan constituir delito, para ofrecerles sus servicios profesionales hasta transcurridos cuarenta y cinco días desde el hecho, salvo que estos servicios profesionales hayan sido solicitados expresamente por la víctima.

6. Derecho a la traducción e interpretación cuando la víctima no hable o no entienda el castellano o la lengua oficial que se utilice en la actuación de que se trate.

7. Derecho de acceso a los servicios de asistencia y apoyo facilitados por la administración pública de forma gratuita y confidencial, así como a los que presten las Oficinas de Asistencia a las Víctimas. Este derecho podrá extenderse a los familiares de la víctima, en los términos que así mismo se establezcan reglamentariamente, cuando se trate de delitos que hayan causado perjuicios de especial gravedad.

Derechos dentro del proceso penal:

8. Derecho a participar activamente, pudiendo ejercer la acción penal y civil sin perjuicio de las excepciones que puedan existir; y a comparecer ante las autoridades encargadas de la investigación para aportarles las fuentes de prueba y la información que estime relevante para el esclarecimiento de los hechos.

9. Derecho de comunicación y revisión del sobreseimiento de la investigación.

10. Derecho de participación de la víctima en la ejecución de la condena del penado, con la comunicación y posibilidad de recurrir resoluciones sobre tercer grado y libertad condicional, entre otras, que afecten al penado en su caso.

11. Derecho de reembolso de los gastos necesarios para el ejercicio de sus derechos y las costas procesales que se le hubieren causado con preferencia respecto del pago de los gastos que se hubieran causado al Estado, cuando se imponga en la sentencia de condena su pago y se hubiera condenado al acusado, a instancia de la víctima, por delitos por los que el Ministerio Fiscal no hubiera formulado acusación o tras haberse revocado la resolución de archivo por recurso interpuesto por la víctima.

12. Derecho de acceso a los servicios de justicia restaurativa.

13. Derecho de devolución de bienes, que podrá ser denegada cuando la conservación de los efectos por la autoridad resulte imprescindible para el correcto desarrollo del proceso penal.

Derechos de protección:

14. Derecho a la protección. Las autoridades encargadas de la investigación, persecución y enjuiciamiento de los delitos adoptarán las medidas necesarias, de acuerdo con lo establecido en la LECrim, para garantizar la vida de la víctima y de sus familiares, su integridad física y psíquica, libertad, seguridad, libertad e indemnidad sexuales, así como para proteger adecuadamente su intimidad y su dignidad, particularmente cuando se les reciba declaración o deban testificar en juicio, y para evitar el riesgo de su victimización secundaria o reiterada. En el caso de las víctimas menores de edad, la Fiscalía velará especialmente por el cumplimiento de este derecho de protección.

15. Derecho a que se evite el contacto con la persona infractora. Las dependencias en las que se desarrollen los actos del proceso penal, estarán dispuestas de modo que se evite el contacto directo entre las víctimas y sus familiares, de una parte, y la persona imputada de la infracción de la otra.

16. Derecho de protección durante la investigación penal. Las autoridades encargadas de la investigación penal velarán para recibir declaración a las víctimas sin dilaciones injustificadas, se recibirá declaración a las víctimas el menor número de veces posible, y únicamente cuando resulte estrictamente necesario, pudiendo estar acompañadas, además de por su representante procesal y en su caso el representante legal, por una persona de su elección, durante la práctica de aquellas diligencias en las que deabn intervenir; así como los reconocimien-

tos médicos de las víctimas solamente deben llevarse a cabo cuando resulten imprescindibles para los fines del proceso penal, y se reduzca al mínimo el número de los mismos.

17. Derecho a la protección de la intimidad. Las autoridades encargadas de la investigación, adoptarán las medidas necesarias para proteger la intimidad de todas las víctimas y de sus familiares y, en particular, para impedir la difusión de cualquier información que pueda facilitar la identificación de las víctimas menores de edad o de víctimas con discapacidad necesitadas de especial protección.

Conceptos relacionados
Asistencia a la víctima, Oficina de Atención a las Víctimas, víctima, victimización.

Normativa
Real Decreto de 14 de septiembre de 1882 por el que se aprueba la Ley de Enjuiciamiento Criminal (art. 14).
Ley 4/2015, de 27 de abril, del Estatuto Jurídico de la Víctima del Delito (arts. 4 a 22).

DIÁLOGO RESTAURATIVO

Los significados que las personas dan al mundo y a sí mismas son producto de su inserción en las relaciones sociales, así, los conflictos no se pueden entender como entidades estáticas sino como parte de eventos comunicativos. Por ello, el diálogo resulta ser el instrumento por excelencia en el proceso restaurativo para la transformación de los conflictos, ya que ofrece una forma de adentrarse en la diversidad de posturas. El diálogo desplaza la perspectiva que entiende el mundo a través de dicotomías, hacia una apertura a lo diferente, pues en lugar de buscar un lado correcto o incorrecto/bueno o malo, comprende la multiplicidad. Dialogar es implicarse en la tensión que se produce cuando alguien sostiene su propia posición, al tiempo que permanece abierto a la posición de la otra persona.

Conceptos relacionados
Conflicto, cultura de paz, comunidad, discurso restaurativo, empatía, Encuentro reparador, prácticas restaurativas, proceso restaurativo, reconocimiento mutuo.

Referencias bibliográficas
Gergen, K. J. 2015. *An invitation to social construction,* 3° ed. Sage Publications Ltd.: London.
McNamee, S. 2019. Diálogo transformador: coordenando moralidades conflitantes, en Grandesso, M. (ed.). *Construcionismo Social e Práticas colaborativo-dialógicas: contextos de açoes transformadoras.* Curitiba: CRV.

DIRECTRICES DE LA JUSTICIA RESTAURATIVA

1. Centrarse en los daños ocasionados por el delito más que en las reglas violadas.
2. Demostrar el mismo interés y compromiso hacia víctimas y personas ofensoras, involucrando a ambas partes en el proceso de justicia.
3. Trabajar por la restauración de las víctimas, ayudándoles a recuperar su sentido de control y atendiendo las necesidades que ellas mismas vayan percibiendo.

4. Apoyar a las personas ofensoras y motivarlas para que entiendan, acepten y cumplan con sus obligaciones.

5. Reconocer que, aún cuando las obligaciones de las personas ofensoras puedan ser difíciles de cumplir, éstas no deben ser concebidas como castigo y deben ser realizables.

6. Generar oportunidades para el diálogo directo o indirecto entre víctimas y personas ofensoras cuando sea apropiado.

7. Encontrar medios efectivos para comprometer a la comunidad y abordar las condiciones que dan origen al crimen dentro de la misma.

8. Estimular la colaboración y la reintegración, tanto de víctimas como de personas ofensoras, en lugar de la coerción y el aislamiento.

9. Prestar atención a las consecuencias imprevistas de acciones y programas restaurativos.

10. Demostrar respeto hacia todas las partes: víctimas, personas ofensoras y personas pertenecientes al sistema de justicia.

Conceptos relacionados
Comunidad, conflicto, daño, justicia restaurativa, persona ofensora, pilares de la justicia restaurativa, prácticas restaurativas, principios de la justicia restaurativa, reconciliación, responsabilidad, sanación, ventajas de la justicia restaurativa, víctima.

Selección bibliográfica
Zehr, H. 2002. *The Little book of Restorative Justice*. Intercourse, Pennsylvania: Good Books.

DISCURSO RESTAURATIVO

El discurso restaurativo propone, por una parte, cambios de conceptos y de enfoques en relación al rol que tiene la justicia, sus operadores y las personas que participan en ella, y, por otra parte, al modo en que la propia justicia se vincula con la comunidad. Los argumentos que propone el discurso jurídico se basan en los siguientes cambios:

1. Del caso jurídico al conflicto: se propone que se deje de debatir solo en términos de caso jurídico y se empiece a entender más los problemas en términos del conflicto que las personas e instituciones tienen.

2. De la culpa al daño: es necesario una ampliación de perspectiva para hablar no solo de la culpa sino también del daño y del perjuicio que ha provocado el delito cometido.

3. Del monólogo al diálogo: el discurso procesal clásico (juicio) es un modelo básicamente de monólogos de corte adversarial. Se propone una interacción dialogada entre las partes que permita el empoderamiento de la parte dañada y la asunción de responsabilidad del victimario.

4. De ser parte a ser participante: se propone que las personas sean los protagonistas de su conflicto para poder concretar el relato, identificar el daño y buscar una solución.

5. De la imputación al reconocimiento: en el espacio jurídico penal lo único importante es que el victimario sea la persona autora del delito. En el discurso restaurativo es importante que acepte tres cuestiones: que ella realizó la acción que generó el daño que ahora quiere restaurar;

que tenía alternativas a esa acción; y que podría haber elegido no haberlo hecho.

6. De tener una obligación a sentirse obligado: tener una obligación supone el mandato de un tercero (órgano judicial), y sentirse obligado es aceptar como propia la imposición de esa obligación, puesto que se llega a la convicción de que es lo correcto.

7. De la lógica del pasado a la del futuro: el proceso penal mira al pasado, el discurso restaurativo atiende al futuro, la idea fundamental es transformar que conlleva una lógica de lo que puede pasar.

8. De la reparación a la restauración: restaurar es dar un paso más a la mera reparación e indemnización de una afectación o daño. Se amplía el concepto de daño pues asume además de los tangibles, los intangibles.

Conceptos relacionados
Comunidad, culpabilidad, conflicto, daño, justicia restaurativa, diálogo restaurativo, pilares de la justicia restaurativa, prácticas restaurativas, principios de la justicia restaurativa, reconciliación, responsabilidad, ventajas de la justicia restaurativa.

Selección bibliográfica
Calvo Soler, R. 2023. La justicia restaurativa. Un nuevo punto de partida, un nuevo punto de llegada, en Varona Martínez, G. *Repensar la justicia restaurativa desde la diversidad: claves para su desarrollo práctico e investigación teórica aplicada.* Valencia: Tirant lo Blanch.
Zehr, H. 2002. *The Little book of Restorative Justice.* Intercourse, Pennsylvania: Good Books.

E

ELMIRA CASE

La primera práctica de justicia restaurativa tuvo lugar en 1974 en Elmira (Kitchener, Canadá). Mark Yantzi, voluntario en el Comité Central Menonita (MCC) de Kitchener fue asignado para trabajar en la oficina de libertad condicional. El objetivo del MCC era que las personas voluntarias de las iglesias se involucraran en el trabajo con personas que habían delinquido. Yantzi, en el desarrollo de su labor como oficial de libertad condicional, recibió el encargo de hacer un Informe para el juzgado sobre dos jóvenes, Russel David Kelly (18 años) y Paul Hermis Leibold (18 años), que habían realizado atentados contra la propiedad en la ciudad de Elmira. Concretamente, habían rajado neumáticos y habían roto ventanas y coches, lo que supuso un total de 22 cargos por delitos de daños. En la reunión de voluntarios del MCC, que realizaban periódicamente, Yantzi habló sobre el Informe que tenía que hacer y en el transcurso del diálogo que mantenía con las demás personas voluntarias, se le ocurrió que los dos jóvenes ofensores deberían conocer y reunirse con sus víctimas. Los demás aplaudieron la idea, de hecho, uno de los voluntarios, Dave Worth, que trabajaba en prisiones, le propuso plantearla en la oficina de libertad condicional. Así lo hizo Yantzi, pero le contestaron que eso sería interferir en el proceso y constituiría un desacato al tribunal. En esas condiciones,

Yantzi optó por añadir un anexo en el Informe que preparaba que contuvo la propuesta de reunión entre agresores y víctimas, la viabilidad de la misma y el valor terapéutico que podría reportar. Una vez preparado, envió el Informe al juez y posteriormente pasó por el juzgado, para responder a las preguntas que le plantearan sobre el mismo. El juez, Gordon H. McConnell, preguntó a Yantzi por el anexo, por la reunión entre victimarios y víctimas, si conocía algún precedente, ante la respuesta negativa, el juez reflexionó sobre la ironía de la situación, ya que ¿cómo era posible que surgiera una nueva idea sin haberse realizado antes? pues no había habilitación legal para la propuesta. No obstante, McConnell ordenó a Yantzi que en compañía de Dave Worth fueran a conocer a las víctimas y averiguar el daño que habían sufrido, y si tenían seguro que lo cubriera, y en caso contrario, cuánto dinero les había costado la reparación. Fueron y hablaron con todas las víctimas y trasladaron la información al juez McConnell, quien les instó a que realizaran una segunda entrevista con las víctimas, pero esta vez con los victimarios. Yantzi y Worth, junto con los ofensores, volvieron a reunirse con cada una de las víctimas, que en esta ocasión estaban más receptivas y escucharon las disculpas por parte de quienes les habían causado el perjuicio. El Juez McConnell, juzgó a los dos jóvenes y los encontró culpables de 22 delitos de daños a la propiedad, en su sentencia no les condenó a prisión, sino a reparar el daño causado e indemnizar a las víctimas. La consecuencia directa de la sentencia emitida por el Juez McConnell fue la reforma del Código Penal canadiense, para permitir la interacción entre víctima y delincuente. Además, se creó el Programa de Reconciliación de víctimas y ofensores (VORP) que fue el primero de su tipo.

Conceptos relacionados

Delito, encuentro reparador, justicia restaurativa, mediación entre víctima y persona ofensora, perdón, persona ofensora, reparación, víctima.

Selección webgráfica

https://acortar.link/NlTeVN
https://acortar.link/DnnSAa

EMPATÍA

La empatía es una capacidad natural que se desarrolla en interrelación con los demás y en el seno de una cultura que define el tipo de persona que se espera que seamos y cómo debe ser la participación con las vivencias de los demás. Es un concepto introducido por el psicólogo Theodor Lips en 1903. Desde entonces se ha ido extendiendo y surgiendo nuevas definiciones encargadas de explicar esta facultad capaz de percibir el dolor y dar respuestas solidarias. Es la capacidad de conectar con lo que otra persona piensa y con sus emociones. Supone salir del propio yo para abrirse a los demás. Predispone no solo a sentir el sufrimiento sino también a participar en la dicha de los demás. Hay tres tipos de empatía: empatía cognitiva, que permite entender la perspectiva de la otra persona; empatía emocional, que permite sentir lo que siente otra persona; e interés empático, que ayuda a entender lo que otra persona necesita de ti. La empatía es una habilidad fundamental en la justicia restaurativa ya que nos permite comprender las motivaciones y emociones de los demás poniéndonos en su lugar. Implica un proceso de ida y vuelta done la persona emisora y la persona receptora forman parte activa y lo que se dice genera recíprocamente una actitud, un comportamiento y un sentimiento.

Conceptos relacionados

Asertividad, encuentro reparador, reconciliación, reconocimiento mutuo, resilencia, sanación.

Selección bibliográfica

Carpena Casajuana, A. 2016. *La empatía es posible: educación emocional para una sociedad empática*. Bilbao: Desclee de Brouwer.
Rifkin, J. 2010. *La civilización empática. La carrera hacia una conciencia global en un mundo en crisis*. Barcelona: Paidós.

ENCUENTRO REPARADOR

Es una parte fundamental de cualquier práctica restaurativa y supone el entendimiento entre las partes a través de una reunión para discutir la ofensa, sus consecuencias y lo que debe hacerse para enmendar el perjuicio originado. Puede hacerse directamente en una reunión entre víctima y persona ofensora (también con otras personas) con la asistencia de una persona facilitadora; o bien puede hacerse indirectamente mediante el intercambio de cartas, videos y mensajes entregados por un tercero.

Un encuentro reparador consta de cinco elementos vinculados:

Reunión: no requiere la confrontación cara a cara. Sin embargo, lo que ocurre durante cualquiera de estos tipos de encuentro involucra directamente a la otra parte, a diferencia de lo que ocurre en los procesos judiciales, donde a lo sumo cada una de las partes sólo puede observar la declaración que la otra parte hace frente al tribunal o jurado.

Narrativa: en la reunión, las partes hablan una con otra, cuentan sus historias, describen lo que les ocurrió a ellas, cómo les ha afectado el delito y sus consecuencias.

Emoción: la narrativa permite a los participantes expresar y abordar sus emociones, con el consecuente efecto sanador tanto para la víctima como para la persona ofensora.

Entendimiento: en este contexto de emociones compartidas, víctima y persona ofensora logran una cierta empatía. Puede que esto no haga que la víctima posea sentimientos particularmente positivos con respecto a la persona ofensora, pero hace que ésta última se perciba de una forma más humana. Del mismo modo, cuando la persona ofensora escucha la historia de la víctima, humaniza a ésta y además puede cambiar su actitud con respecto a su conducta delictiva.

Acuerdo: al lograr el entendimiento, se sienta una base productiva que permitirá acordar qué ocurrirá a continuación. Las partes hacen esto mediante un proceso de cooperación (en lugar de verse como adversarios) a través de una negociación que apunta a la convergencia de intereses entre víctima y persona ofensora.

Conceptos relacionados

Asertividad, conflicto, empatía, itinerario restaurativo, mediación entre víctima y persona ofensora, perdón, persona ofensora, plan de reparación, reconciliación, reconocimiento mutuo, responsabilidad, sanación, victima

Selección bibliográfica

Johnson, G. y Van Ness, D. (2006). El Significado de Justicia restaurativa. En Johnson, G. y Van Ness, D. (eds.) *El Manual de Justicia restaurativa.* Cullompton: Willan Publishing.

EQUIPO TÉCNICO

El Equipo técnico desarrolla un papel fundamental en la mediación penal juvenil. El art. 4.1 de Real Decreto 1774/2004, de 30 de julio, por el que se aprueba el Reglamento de la Ley Orgánica 5/2000, de 12 de enero, reguladora de la responsabilidad penal de los menores (en adelante RLORPM) señala que los Equipos técnicos estarán formados por psicólogas/os, educadoras/es y trabajadoras/es sociales cuya función es asistir técnicamente en las materias propias de sus disciplinas profesionales a los jueces de menores y al Ministerio Fiscal, elaborando los informes, efectuando las propuestas, siendo oídos y, en general, desempeñando las funciones que tengan legalmente atribuidas. Del mismo modo, prestarán asistencia profesional al menor desde el momento de su detención y realizarán funciones de mediación entre el menor y la víctima o persona perjudicada. Podrán también incorporarse de modo temporal o permanente a los

Equipos técnicos otros profesionales relacionados con las funciones que tienen atribuidas, cuando las necesidades planteadas lo requieran y así lo acuerde el órgano competente. Aportan el conocimiento de la realidad del menor y su entorno, así como dan una respuesta, dentro del marco jurídico existente. El papel del Equipo técnico respecto al fiscal es de asesor a lo largo de todo el procedimiento y respecto al juez es el de perito.

El art. 27.1 de la Ley Orgánica 5/2000, de 12 de enero, reguladora de la responsabilidad penal de los menores (en adelante LORPM) establece que durante la instrucción del expediente el Ministerio Fiscal requerirá al Equipo técnico para que elabore un informe sobre el menor en un plazo de 10 días prorrogable hasta 30 días. Este informe tendrá carácter preceptivo pero no vinculante, carácter no exclusivo y será confidencial. Su contenido hará referencia a las condiciones y circunstancias del menor, concretamente a su: situación psicológica, educativa, familiar, entorno social y cualquier otra circunstancia relevante. En dicho informe podrá proponer una intervención socio educativa sobre el menor (art. 27.2 LORPM) y si lo estima conveniente informará al Ministerio Fiscal, en interés del menor, la conveniencia de que éste realice una actividad conciliadora o reparadora con la víctima de acuerdo con lo dispuesto en el art. 19 de la LORPM (art. 27.3 LORPM). En este último caso, el equipo técnico incluirá en el informe de forma expresa la actividad conciliadora o reparadora, tanto su contenido como finalidad y no será necesario que contenga los aspectos psicológicos, educativos, familiares y sociales del menor. Así mismo, podrá proponer en su informe la no continuación del expediente de reforma contra el menor por haber sido suficiente el reproche o haber transcurrido demasiado tiempo (art. 27.4 LORPM).

El Equipo técnico cumple diversas funciones: función asesora, se pone de manifiesto a lo largo del procedimiento, en las medidas cautelares y durante la instrucción, hasta el final del mismo con la revisión de las medidas impuestas; función de propuesta e intervención, en los supuestos de mediación previstos en el art. 19 LORPM, en la propuesta de intervención del art. 27.2 LORPM y en la propuesta de no intervención del art. 27.4 LORPM; y función de asistencia al menor.

Conceptos relacionados
Mediación penal juvenil, persona facilitadora, reconciliación, responsabilidad.

Normativa
Ley Orgánica 5/2000, de 12 de enero, reguladora de la responsabilidad penal de los menores (arts. 19 y 27).
Real Decreto 1774/2004, de 30 de julio, por el que se aprueba el Reglamento de la Ley Orgánica 5/2000, de 12 de enero, reguladora de la responsabilidad penal de los menores (art. 4.1).

Selección bibliográfica
Álvarez Ramos, F. 2008. Mediación penal juvenil y otras soluciones extrajudiciales. En International e-Journal of Criminal Science, n° 2.

ESTATUTO DE LA VÍCTIMA

El EV transpone a nuestro ordenamiento jurídico la Directiva 2012/29/UE sobre los derechos, el apoyo y la protección de las víctimas de delitos. Constituye un catálogo general de los derechos procesales y extra-procesales de la víctima del delito. Como complemento de esta norma se halla el Real Decreto 1109/2015, de 11 de diciembre, por el que se desarrolla el EV y se regulan las Oficinas de Atención a las Víctimas del Delito. En el art. 15 del EV se regula el acceso de las víctimas a los servicios de justicia restaurativa, con la finalidad de obtener una adecuada reparación material y moral de los perjuicios derivados del delito, cuando se cumplan los siguientes requisitos: a) el infractor haya reconocido los hechos esenciales de los que deriva su responsabilidad; b) la víctima haya prestado su con-sentimiento, después de haber recibido información exhaustiva e imparcial sobre su contenido, sus posibles resultados y los procedimientos existentes para hacer efectivo su cumplimiento; c) el infractor haya prestado su consentimiento; d) el procedimiento de mediación no entrañe un riesgo para la seguridad de la víctima, ni exista el peligro de que su desarrollo pueda causar nue-vos perjuicios materiales o morales para la víctima; y e) no esté prohibida la mediación por la ley para el delito cometido. Pudiendo la víctima y el infractor revocar su consentimiento para participar en el procedimiento de mediación en cualquier momento.

Conceptos relacionados
Derechos de la víctima del delito, Justicia restaurativa, Oficina de Atención a las Víctimas del Delito, víctima, victimización.

Normativa
Directiva 2012/29/UE del Parlamento europeo y del Consejo, de 25 de octubre de 2012, por la que se establecen normas mínimas sobre los derechos, el apoyo y la protección de las víctimas de delitos.
Ley 4/2015, de 27 de abril, del Estatuto de la víctima del delito (art. 15).
Real Decreto 1109/2015, de 11 de diciembre, por el que se desarrolla el Estatuto de la víctima del delito y se regulan las Oficinas de Atención a las Víctimas del Delito.

Selección bibliográfica
Agudo Fernández, E., Jaén Vallejo, M. y Perrino Pérez, A. L. 2016. *La víctima en la justicia penal. El Estatuto jurídico de la víctima del delito.* Madrid: Dykinson.

ESTIGMATIZACIÓN

Estigma es una palabra de origen griego que hace referencia a signos corporales con los cuales se intentaba exhibir algo malo y poco habitual en el estatus moral de quien los presentaba. La teoría del estigma desarrollada por Goffman emerge como una teoría de discriminación, como una ideología para explicar la inferioridad de ciertos sujetos o clase de sujetos, racionalizando y naturalizando auténticas falacias. En este sentido, por estigmatización se entiende un proceso social por el cual se atribuye una condición o condiciones negativas a una persona definiendo su identidad. Las consecuencias de la estigmatización son devastadoras, la persona estigmatizada pierde su autoestima e incluso busca la transformación del yo a través de un aprendizaje distorsionado. Esta teoría del estigma trasladada a la criminología se traduce como "desviación secundaria" propugnada por la teoría del labeling approach (teoría del etiquetado o la rotulación), que implica una asunción por parte de la propia persona ofensora de esa identidad excluida, lo cual favorecería el desarrollo de las denominadas carreras delincuenciales. En el sentido opuesto, surge la "vergüenza reintegradora" de la mano de Braithwaite como forma de control social incluyente, una de las herramientas clave de la justicia restaurativa.

Conceptos relacionados
Control social, criminología crítica, culpabilidad, daño, delito, persona ofensora, teoría del etiquetamiento, vergüenza reintegradora.

Selección bibliográfica
Braithwaite, J. 2011. Delito, vergüenza y reintegración. En *Delito y sociedad: revista de ciencias sociales*, n° 32. Goffman, E. 1998. *Estigma. La identidad deteriorada*, Buenos Aires: Amorrortu.

F

FORMAS SUSTITUTIVAS DE EJECUCIÓN PENAL

Las formas sustitutivas de ejecución penal son la suspensión y sustitución de condena. La suspensión de condena de una pena privativa de libertad supone "dejar sin efecto" la misma condena impuesta, siempre y cuando la persona penada realice el cumplimiento de determinada regla de conducta, y no delinca durante un periodo de tiempo estipulado. Por su parte, la sustitución de condena de una pena de prisión, supone la ejecutividad de una pena distinta, que no es cumplimiento en prisión, ya sea la de trabajos en beneficio de la comunidad, o localización permanente, o multa y, en muchos de los casos, además, el cumplimiento de una regla de conducta impuesta a la persona infractora a la que se le sustituye la pena. Todo ello en los casos de ejecutorias anteriores a la reforma normativa del Código Penal de 2015, o en su regulación actual tras dicha reforma para el caso de que la pena impuesta sea inferior a tres meses (ex art. 71.2 del CP). De entre las reglas de conducta a las que se somete a los penados, bien sea consecuencia de una suspensión, o lo sea por una sustitución de condena en los todavía casos actuales, la administración penitenciaria desarrolla, en colaboración con otras administraciones e instituciones, los programas de intervención indicados en el artículo 83 del CP: programas formativos, laborales, culturales, de educación vial, sexual, de defensa del medio ambiente, de protección de los animales, de igualdad de trato y no discriminación y otros similares... o los adecuados de salud mental y de drogodependencias. La Subdirección General de Penas y Medidas Alternativas de la Secretaría General de Instituciones Penitenciarias inició su elenco de oferta de programas con un específico programa de intervención en violencia de género (PRIAMA), y con talleres especializados para las infracciones penales en materia de seguridad vial (TASEVAL). De manera progresiva se han ido incorporando nuevos programas:

- Programa "Encuentro". Programa de intervención en violencia familiar o doméstica.
- Programa PROBECO. El Programa de Sensibilización y Reeducación en valores sociales y de Prevención del delito.
- Programa "Fuera de la red". Programa de intervención frente a la pornografía infantil en Internet.
- Programa PROSEVAL. Programa frente a delitos contra la seguridad del tráfico.
- Programa "Cuenta contigo". Programa dirigido a penados con abuso de consumo de sustancias condenados a trabajos en beneficio de la comunidad.
- Programa "Puente Extendido". Programa para el tratamiento de personas con problemas de salud mental.
- Programa "Integra". Programa para personas con diversidad funcional.
- Programa FEMA. Programa para formación y búsqueda de empleo.

- Programa "Diálogos restaurativos". Programa de justicia restaurativa.
- Programa "Diversidad". Programa para la igualdad de trato y no discriminación y frente a los delitos odio.

Conceptos relacionados
Asistencia al ex delincuente, atenuante(s), comunidad, delito, empatía, reparación, responsabilidad, trabajos en beneficio de la comunidad.

Normativa
Ley Orgánica 10/1995, de 23 de noviembre, del Código Penal (art. 71.2, art. 83).

Selección bibliográfica
Tapia Ortiz, M. 2019. Las penas y medidas comunitarias. En *Revista de Estudios Penitenciarios*, n° 3. Madrid: Ministerio del Interior.

FORO EUROPEO DE JUSTICIA RESTAURATIVA (EFRJ)

El Foro Europeo de Justicia Restaurativa (en sus siglas en inglés EFRJ) es la organización más importante a nivel mundial para el desarrollo de la justicia restaurativa. Se creó en el año 2000 y tiene su sede en Lovaina (Bélgica). Se estructura en redes internacionales que conecta a miembros activos en el ámbito de la justicia restaurativa de toda Europa y fuera de ella. Promueve el desarrollo de la investigación, la política y la práctica para que todas las personas puedan tener acceso a servicios de justicia restaurativa. El principal enfoque, es la aplicación de la justicia restaurativa en asuntos penales, pero no excluyen otras áreas, como la mediación familiar, escolar y comunitaria. Su objetivo general es contribuir al desarrollo de una justicia restaurativa de alta calidad en toda Europa a través de la investigación y formación. En la actualidad, cuenta con casi 400 miembros individuales y más de 80 miembros organizativos de 40 países diferentes. Se organiza en comités y grupos de trabajo. Los comités son grupos de miembros designados para trabajar en áreas específicas; y los grupos de trabajo también están formados por miembros, pero son convocados por la Junta para realizar una tarea específica o producir un resultado específico en un período de tiempo limitado y se disuelven una vez realizada su tarea o se transforman en un comité.

Conceptos relacionados
Justicia restaurativa, prácticas restaurativas, proceso restaurativo, programas restaurativos.

Selección webgráfica
https://www.euforumrj.org/en

G

GARANTÍAS PROCESALES DE LA MEDIACIÓN PENAL INTRAJUDICIAL

La jueza/juez o tribunal, como garante de derechos, tiene que preservar que la derivación de un caso a mediación penal intrajudicial cumpla las siguientes garantías para respetar los parámetros ineludibles del proceso debido: garantía de autonomía, garantía de protección de las víctimas, garantía de trato como inocente de la persona investigada/encausada, garantía de reparación del daño injusto y garantía de privacidad.

1. Garantía de autonomía: precisa que el inicio de la mediación, el desarrollo de la misma y el acuerdo que, en su caso, se alcance sea fruto de un consentimiento libre e informado de la víctima y de la persona investigada/encausada. Desde esta perspectiva tienen especial importancia dos aspectos: la información por parte de los agentes públicos y la función de las abogadas/os como orientadoras/es jurídicos. En el plano de la información, el tratamiento normativo de esta cuestión es diferente, según se trate de la víctima o de la persona investigada/encausada. Cuando se trata de la víctima, el art. 5.1 k) del EV reconoce su derecho a ser informada desde el primer contacto con las autoridades públicas de los servicios de justicia restaurativa disponibles. Esta información debe ser comprensible y, para ello, debe adaptarse a sus circunstancias y condiciones personales, a la naturaleza del delito cometido y a los daños y perjuicios sufridos. Además, debe ser completa, incluyendo los efectos favorables que para la persona investigada/encausada puede suponer la participación en el programa restaurativo. No está prevista, en cambio, previsión legal que tal información también se realice a la persona investigada/encausada, pero ello no es obstáculo, para que la misma se tenga que realizar en el momento de la derivación del asunto al espacio de mediación, dado que es necesario su consenti-

miento para iniciarla. En cuanto a la orientación jurídica por parte de las abogadas/os, es necesario que estén presente en la sesión informativa —primer acto del proceso de mediación en el que la persona mediadora informa sobre las condiciones, las características y los efectos de la mediación—, de manera que éstas/os puedan asesorar a las partes sobre la conveniencia o no de iniciar la mediación. Si, finalmente, la víctima y la persona investigada/encausada deciden iniciar la mediación, las/los abogadas/os no tomarán parte en las sesiones, si bien, cada una de las partes mantendrá contacto para ponderar si mantienen o no su voluntad de seguir en la mediación.

2. Garantía de protección de las víctimas: exige que la derivación a mediación únicamente sea posible cuando no exista riesgo de victimización secundaria, reiterada, intimidación o represalias. En este sentido el art. 15.1 d) del EV exige que el procedimiento de mediación no entrañe un riesgo para la seguridad de la víctima, ni exista el peligro de que su desarrollo le pueda causar nuevos perjuicios materiales o morales. Por ello, para derivar un caso a mediación la jueza/juez o tribunal debe tener en cuenta: la naturaleza y gravedad del delito; la intensidad del daño causado a la víctima; la existencia de un contexto de dominación violenta psicofísica o sexual; y los desequilibrios de poder entre los integrantes de la interacción conflictiva (así, considerando 46 de la directiva 2012/29/UE). Las víctimas especialmente vulnerables por razones personales, relacionales o contextuales, no están excluidas de la derivación a mediación, pero si precisan una tutela reforzada, que se traduce en una es-

pecial ponderación por parte de la jueza/juez o tribunal de cada caso concreto para evitar que se pueda limitar su capacidad para consentir libre y voluntariamente o se puedan dar situaciones de revictimización.

3. Garantía de trato como inocente de la persona investigada/encausada: únicamente se puede derivar el proceso a mediación cuando la persona investigada/encausada haya reconocido los elementos fácticos del caso. La presunción de inocencia tiene una doble dimensión: como regla de tratamiento, que conlleva la obligación de tratar a la persona acusada como inocente durante todo el proceso; y como regla de juicio, que obliga a que la declaración de culpabilidad se asiente en una inequívoca y concluyente prueba de cargo.

4. Garantía de la reparación: exige que el objeto de la mediación sea la restauración del conflicto generado por la infracción penal en términos de pacificación individual y social. La restauración puede lograrse a través de la combinación de estrategias de compensación diversas, como la económica, la prestacional, la terapéutica o la simbólica; y puede consistir, en muchas ocasiones, en remodelar las dinámicas de las relaciones de las personas involucradas en el conflicto porque se integran en sistemas comunes (familiares, laborales, profesionales, educativos) o comparten espacios (lúdicos, sociales).

5. Garantía de privacidad: exige que el espacio de comunicación sea confidencial, de manera que nada de lo tratado o acordado pueda acceder al procedimiento sino es con el consentimiento conjunto de la víctima y la persona investigada/encausada. De tal forma, que la per-

sona mediadora y las personas que participen en la mediación estarán sujetos a secreto profesional con relación a los hechos y manifestaciones de que hubieran tenido conocimiento en el ejercicio de su función (art. 15.2 del EV) y las partes al deber de sigilo respecto a lo conocido en la mediación. Esta garantía tiene varias exigencias: la falta de inicio o culminación de la medición será comunicada a la jueza/juez o tribunal sin especificar el motivo; de celebrarse juicio, no podrá ser fuente de prueba lo ocurrido en el espacio de mediación; de lograrse un acuerdo en la mediación, el acta de reparación, en el que se plasma el mismo, se entregará a las partes para que la gestionen procesalmente, comunicándose al juzgado o tribunal la finalización del proceso de mediación con un acuerdo restaurativo. En el caso de enjuiciamiento de delitos leves el acta de reparación se trasladará también al Ministerio Fiscal por si quiere ejercer el principio de oportunidad reglada.

Conceptos relacionados
Circuito de derivación en mediación penal intrajudicial, delitos mediables, derechos de la víctima del delito, Estatuto de la víctima, indicadores de idoneidad para derivación a mediación penal intrajudicial, mediación penal intrajudicial, persona facilitadora, principios de la mediación penal, proceso debido (derecho a un).

Normativa
Directiva 2012/29/UE del Parlamento europeo y del Consejo, de 25 de octubre de 2012, por la que se establecen normas mínimas sobre los derechos, el apoyo y la protección de las víctimas de delitos (considerando 46).

Ley 4/2015, de 27 de abril, del Estatuto de la víctima del delito (arts. 5.1.d), 5.1.k) y 15.2).

Selección bibliográfica

Sáez Valcárcel, R. (dir.). 2010. La mediación penal dentro del proceso. Análisis de situación. Propuestas de regulación y autorregualción. Protocolos de evaluación. Documento ideológico: análisis desde la perpectiva de la política criminal y del derecho a la tutela judicial efectiva. En CGPJ.

I

IMPACTO DE LOS PROGRAMAS RESTAURATIVOS

Para revistar y evaluar la efectividad de los programas restaurativos llevados a cabo, se utilizan una serie de indicadores que permiten establecer una conexión entre la construcción teórica y la realidad. Se define indicador como una forma de valoración de un proceso, basado en la observación, para ofrecer una imagen contrastable que posibilite la comparación a lo largo del tiempo y en diferentes contextos del mismo con el entorno político, histórico, cultural y judicial en el que se desarrolla. Los indiciadores pueden clasificarse en:

1. Indicadores estructurales: datos cualitativos sobre la realidad socio jurídica donde se aplica la justicia restaurativa extraídos de la normativa, documentos oficiales, protocolos, convenios, estudios, evaluaciones, entrevistas, etc.

2. Indicadores institucionales: datos cuantitativos y cualitativos sobre la relación entre diferentes profesionales extraídos de la observación directa de cuestionarios y grupos de discusión, jornadas, encuentros, etc.

3. Indicadores funcionales: datos cuantitativos sobre el funcionamiento de los programas extraídos de sus memorias.

4. Indicadores procedimentales: datos cualitativos extraídos de los cuestionarios y entrevistas en profundidad realizadas a las personas participantes, estudios de casos y observación de procesos restaurativos.

En cuanto al impacto a medir, versaría sobre las siguientes cuestiones: el acceso de la ciudadanía a la justicia restaurativa; la posibilidad de que las víctimas puedan ser oídas y a la vez escuchar a la persona ofensora; proporcionar a la víctima y a la comunidad respuestas, atendiendo a su derecho a saber la verdad; proporcionar a las víctimas una oportunidad de ser reparadas material, emocional y simbólicamente; facilitar a las víctimas su recuperación; reducir la reincidencia; evitar la estigmatización de las personas ofensoras, la victimización terciaria y contribuir a su reintegración efectiva en la comunidad; mejorar la participación pública en el sistema penal; incrementar el compromiso comunitario; e implementar iniciativas de prevención del delito.

Conceptos relacionados

Comunidad, conflicto, cultura de paz, directrices de la justicia restaurativa, justicia restaurativa, prácticas restaurativas, Foro Europeo de Justicia Restaurativa (EFRJ), proceso restaurativo, programa restaurativo.

Selección bibliográfica

Tamarit Sumalla, J. 2012. La justicia restaurativa: conceptos, principios, investigación y marco teórico. En Tamarit Sumalla, J. (Coord.). *La justicia restaurativa: desarrollo y aplicaciones*. Granada: Comares.
UNODC. 2020. *Handbook on Restorative Justice Programmes*, 2ª ed., Viena: United Nations.
Varona Martínez, G. 2008. *Evaluación externa del Servicio de Mediación Penal de Barakaldo*. Bilbao: GEUZ.

INDICADORES DE IDONEIDAD PARA DERIVACIÓN A MEDIACIÓN PENAL INTRAJUDICIAL

Los indicadores que se utilizan por la jueza o juez para valorar la idoneidad del caso penal para su derivación a mediación tienen un carácter orientativo que no cumulativo y son los siguientes:

1. Que exista un reconocimiento de hechos o, al menos, un fundamento presunto de culpabilidad.

2. Que se detecte predisposición a buscar un acuerdo por las partes. Por ejemplo, deseo expreso de la víctima de encontrar una solución o de que cese la perturbación más que de obtener una condena, arrepentimiento de la persona imputada o acusada u ofrecimiento de compensación o arreglo por parte de ésta.

3. Que se aprecie sinceridad en las partes y se descarte una instrumentalización de la mediación para fines ajenos a los propios de la restauración.

4. Que se trate de tipos delictivos perseguibles a instancia de parte o en los que el perdón de la persona ofendida pueda producir efectos procesales o sustantivos.

5. Que existan unas mínimas condiciones subjetivas de las personas involucradas en lo relativo a su capacidad, personalidad o situación coyuntural en la que se encuentre.

6. Que el conflicto tenga significación subjetiva al menos para una de las partes, es decir, que sea importante y relevante al margen de su calificación jurídico penal, así como aquellos supuestos en los que el conflicto jurídico es secundario.

7. Que concurran relaciones enconadas entre las partes, o denuncias anteriores o cruzadas entre ellas.

8. Que las partes consideren importante que la situación se resuelva para que no vuelva a reproducirse.

9. Que se aprecie una victimización intensa que convenga tratar de forma específica y especializada.

10. Que se detecte la posibilidad de compensación o reparación material o moral suficientemente satisfactoria para la víctima o que pueda existir un recurso social que permita actuar sobre los factores que desestabilizan la relación entre los implicados en la relación conflictiva. La derivación a mediación suele estar desaconsejada cuando concurran alguno o algunos de los siguientes elementos:

1. Que se detecten grandes desequilibrios de poder entre las partes.

2. Que existan situaciones de incapacidad o de edad que desaconsejen la mediación.

3. Que se aprecie un alto nivel de hostilidad.

4. Presencia de una actitud de fuerte desconfianza hacia la figura de la persona mediadora o del procedimiento de mediación.

5. Que subyazcan conflictos que afecten a cuestiones difícilmente negociables para las partes por afectar a cuestiones morales, religiosas, etc.

6. Que se detecte falta de compromiso por alguna de las partes.

7. Casos en los que se prevea que la mediación puede generar una victimización secundaria.

8. Supuestos donde existan múltiples personas implicadas, que hagan muy difícil el trabajo con todas ellas, salvo que sea viable la realización de sesiones individuales conjuntas reuniendo a todas las víctimas.

Conceptos relacionados

Circuito de derivación en mediación penal intrajudicial, conflicto, delitos mediables, Estatuto de la víctima, mediación penal intrajudicial, persona facilitadora, persona ofensora, protocolo para mediación penal intrajudicial, reparación, responsabilidad, víctima, victimización.

Selección bibliográfica

Casanovas, P., Magre, J. y Lauroba M. E. 2011. *Libro Blanco de la Mediación en Cataluña.* Barcelona: Generalitat de Catalunya.

CGPJ. 2016. *Guía para la práctica de la mediación intrajudicial.* Madrid: CGPJ.

Igartua, I, Olalde, A., Pedrola, M. y Varona, G. (2015). *Evaluación del coste de la justicia restaurativa integrando indicadores cuantitativos y cualitativos: El caso de la mediación penal aplicada a las infracciones de menor gravedad.* Vitoria-Gasteiz: Gobierno Vasco.

ITINERARIO RESTAURATIVO

Itinerario restaurativo es la ruta o camino individual que debe seguir la persona implicada en un proceso restaurativo cuya duración e intensidad dependerá de las necesidades y profundidad del daño que tenga la misma. Este trayecto es imprescindible y consta de los siguientes pasos:

1. La necesidad de integración personal. Se trata de vivir de manera satisfactoria gestionando los problemas que puedan surgir adecuadamente, es estar en paz con uno mismo. Tanto si se es objeto de un daño como si se ha provocado se produce una quiebra en la integración personal que afecta a todos los órdenes de la vida. Es imprescindible iniciar un recorrido de sanación para mitigar las consecuencias, en el que salga a flote las propias necesidades, sentimientos y emociones para superar el anclaje provocado por el perjuicio o pérdida sufrida o provocada. Es el primer paso y requisito ineludible para los siguientes.

2. Tránsito de la categoría de enemigos hacia el reconocimiento muto como seres humanos a través del diálogo. El reconocimiento del otro como persona dotada de valor esencial y no cosificada, es lo que permite la apertura del diálogo. La persona ofensora, sobre todo en los delitos graves, ha despersonalizado a la víctima considerándola como enemigo o merecedora del daño. Por su parte, la víctima por el sufrimiento recibido ha categorizado a la persona infractora como criminal, asesino, delincuente... y granjeado un muro frente a ella. Eliminar estas ba-

rreras a través de la palabra, expresando los sentimientos y las experiencias vividas, posibilita el reconocimiento mutuo. La palabra sentida, la responsabilización, la expresión del arrepentimiento del dolor causado, son los instrumentos para que la persona ofensora pueda encontrarse con la víctima; y para ésta, poder contarle su historia personal, los perjuicios sufridos, las impotencias, las violencias soportadas, le permitirá percibir y encontrarse con la persona infractora como persona que quiere reajustarse y asumir su responsabilidad.

3. Paso del reconocimiento muto como personas a la restauración de la paz a través de un proceso que puede culminar con el perdón y la reconciliación. El reconocimiento mutuo permite la posibilidad tanto a víctima como persona infractora de alcanzar un cambio personal que conduce a restituir los lazos rotos como último paso del itinerario restaurativo. Esto significa, que la persona ofensora reconoce el daño infligido y el horror padecido por la víctima, a la vez que la víctima se empodera y retorna el control perdido. No obstante, pueden darse dos pasos más allá que nunca pueden quedar supeditados como fin del proceso restaurativo, son el perdón y la reconciliación.

Conceptos relacionados

Círculos, conferencias, daño, delito, empatía, mediación entre víctima y persona ofensora, perdón, persona ofensora, proceso restaurativo, programa restaurativo, reconciliación, reconocimiento mutuo, responsabilidad, sanación, víctima.

Selección bibliográfica

Folger, J. P. y Baruch Busch, R. A. 1996. *La promesa de mediación*. Buenos Aires: Granica.

Ríos Martín, J., Segovia Bernabé, J. L. y otros. 2011. Reflexiones sobre la viabilidad de instrumentos de justicia restaurativa en delitos graves. En Martínez Escamilla, M. (Coord.). *Justicia Restaurativa, Mediación penal y penitenciaria: un renovado impulso*. Madrid: Reus.

J

JUSTICIA DE PAZ

Mecanismo de participación ciudadana de resolución de conflictos por medio del cual las partes involucradas en un conflicto, particular o comunitario, buscan una solución con la colaboración de un tercero denominado Juez de Paz. El Juez de Paz es un ciudadano elegido por votación popular que ejerce su labor sin remuneración durante un periodo de tiempo —generalmente cinco años— con posibilidad de ser elegido nuevamente; propuestos por las organizaciones comunitarias o por un grupo organizado de vecinos. Se suele dar en municipios pequeños y resuelven controversias civiles. Se procede de la siguiente manera: ambas partes, de común acuerdo, solicitan la audiencia con un Juez de Paz (de forma oral o escrita); el Juez de Paz analiza el caso para determinar si lo atiende o no, si determina que lo atiende, cita a las partes a una audiencia de conciliación, o si determina que no lo atiende remite el asunto a otra instancia judicial; en la audiencia de conciliación, las partes se reúnen y el Juez de Paz les informa el procedimiento de la audiencia y los efectos del acuerdo y les invita a resolver el conflicto directamente, si no hay acuerdo se elabora una constancia escrita o si hay acuerdo se firma un Acta de conciliación que relacione las partes, el Juez de Paz (conciliador), el asunto y los acuerdos logrados; el Juez de Paz (fallador) dicta sentencia donde decide la solución del problema y la notifica a las partes; cuando una de las partes no está de acuerdo con la sentencia solicita revisión, está revisión debe ser resuelta en diez días. En países como Colombia y Venezuela, se halla reconocida en la Constitución y está integrada en el sistema judicial.

Conceptos relacionados
Alternative Dispute Resolutions (ADR), comunidad, conflicto, cultura de paz, justicia orientada a los problemas.

Selección bibliográfica
Ministerio de Justicia. 2015. Guía para aplicar la Justicia en Equidad: Criterios para Conciliadores en Equidad y Jueces de Paz. Bogotá: Ministerio de Justicia.

JUSTICIA INDÍGENA

Modelo de justicia de las comunidades indígenas que en países de América del Sur se halla reconocida en sus Constituciones y Códigos Penales. La compatibilidad de este sistema de justicia con el sistema de justicia penal se justifica en la voluntad de reconocer la diversidad cultural. Tal es el caso de Colombia cuyo art. 246 de la Constitución dispone que "las autoridades de los pueblos indígenas podrán ejercer funciones jurisdiccionales dentro de su ámbito territorial de conformidad con sus propias normas y procedimientos siempre que no sean contrarios a la constitución y leyes de la República". Cuatro elementos fundamentales delimitan el ejercicio de la jurisdicción especial indígena: la existencia de autoridades judiciales propias de los pueblos indígenas; la potestad de establecer normas y procedimientos propios; la sujeción de dicha jurisdicción y normas a la Constitución y la ley; y la competencia del legislador para señalar la forma de coordinación de la jurisdicción indígena con el sistema judicial nacional. Como correlato, el CP colombiano de 2001 en su art. 33 prevé una vía por la que cabe renunciar al ejercicio de la justicia penal estatal, al incluir entre los supuestos de inimputabilidad "la diversidad sociocultural que provoque una incapacidad de comprender la ilicitud del hecho o de determinarse de acuerdo con esta comprensión". En estos supuestos, se prevé una medida de seguridad de reintegración al medio cultural propio, previa coordinación con la respectiva autoridad de la cultura a la que pertenezca.

Conceptos relacionados
Comunidad, conflicto, cultura de paz, justicia restaurativa.

Normativa
Constitución Colombiana (art. 246).
Código Penal Ley 599 de 2000 (art. 33).

Selección bibliográfica
Rueda Carvajal, C. E. 2008. El reconocimiento de la jurisdiccional especial indígena dentro del sistema judicial nacional en Colombia. El debate de la coordinación. En *Estudios Socio-Jurídicos*, vol. 10, n° 1. Bogotá.

JUSTICIA ORIENTADA A LOS PROBLEMAS

Surge en EEUU en la década de los dos mil. Supone la aplicación de la justicia terapéutica en la práctica de tribunales específicos: tribunales de tratamiento de adicciones, tribunales de tratamiento de enfermedades mentales, juzgados de violencia doméstica, juzgados de familia, etc. extendiéndose a todo el ámbito anglosajón. El objetivo es crear espacios especializados cuyo fin es resolver las cuestiones personales e interpersonales que están detrás de los problemas con la administración de justicia más que determinar la culpabilidad o castigar. El juez juzga con una perspectiva interdisciplinar, relacional y de largo plazo. Se emplea la autoridad judicial para atender los problemas subyacentes de las partes en conflicto, así como los problemas estructurales de la administración de justicia y los problemas sociales de la comunidad. Supone una óptica no adversarial que no seguiría los mecanismos implicados en la justicia convencional: investigación, enjuiciamiento, condena en su caso; y ejecución de la condena en su caso también. Es un tipo de justicia que se dirige a un Derecho integrado y comprehensivo. Ofrece posibilidades legales antes y durante el juicio y debe adaptarse a cada contexto específico donde se aplique.

Conceptos relacionados

Justicia terapéutica, justicia procedimental, justicia restaurativa.

Selección bibliográfica

Daicoff, S. 2003. Law as healing profession: The Comprehensive Law Movement. En New York *Law School Clinical Research Institute, Research Paper Series 05/06#12*. Disponible en https://cutt.ly/VlSuvsl.

Varona Martínez, G. 2020. *Caminando restaurativamente*. Madrid: Dykinson.

JUSTICIA PROCEDIMENTAL

Es una teoría de justicia que aborda la legitimidad institucional centrándose en los procesos que comporta el ejercicio del poder y en la transformación del poder en autoridad legítima de un modo tal que genere conformidad normativa. Cuando las personas usuarias de la justicia la perciben como justa, imparcial y eficiente son más proclives a obedecer y acatar sus decisiones. Se centra en el procedimiento por el que se toman las decisiones. Dicha teoría señala que si el proceso es justo la decisión final también lo será. Además, si la población percibe que el procedimiento ha sido justo, cooperará con la justicia porque considerará que es lo correcto. La visión tradicional de la literatura que estudia los comportamientos de las ciudadanas y de los ciudadanos con las autoridades legales se ha centrado en la idea de que se preocupan únicamente por ganar y obtener resultados favorables. Sin embargo, poco a poco, van surgiendo teorías psicológicas sobre la justicia, que muestran como las ciudadanas y los ciudadanos, además de preocuparse por los resultados (justicia distributiva), se preocupan por los procedimientos utilizados.

La justicia procedimental consiste en buscar procesos, a diferencia de resultados, justos y respetuosos para poder construir y reconstruir la confianza en la justicia, y de este modo la legitimidad institucional y conformidad con el Derecho. Los trabajos más importantes sobre justicia procedimental han sido desarrollados por Tom Tyler que parte de las siguientes premisas: las personas consideran los procesos informales mucho más justos que los formales; y en base a esto, hay cuatro aspectos fundamentales para considerar el proceso como más justo, que son, la oportunidad de participar y ser escuchado, neutralidad e imparcialidad de los agentes, confianza en las autoridades y grado en que las personas son tratadas con dignidad y respeto.

Conceptos relacionados
Conflicto, justicia terapéutica, reconocimiento mutuo, reparación, victimización.

Selección bibliográfica
Bernuz Benítez, M. J. (2014). "La legitimidad de la justicia de menores: entre justicia procedimental y justicia social", InDret, n° 1.
Tyler, T. R. 2006. *Why People Obey the Law*. New Yersey: Princeton University Press.
Vázquez Morales, D. y Fernández Molina, E. 2013. Confianza en los tribunales penales. Una vía normativa a la cooperación ciudadana con la justicia más allá de la

amenaza y la coerción. En *Revista Electrónica de Ciencia Penal y Criminología*, n° 15.

JUSTICIA RESTAURATIVA

Modelo de justicia que recoge inquietudes muy diversas que tienen que ver con la forma en que las sociedades reaccionan frente al delito. No es consecuencia de cambios legislativos ni de jurisprudencia previa, sino que se origina ante la insatisfacción del funcionamiento de la justicia tradicional retributiva, el surgimiento de los sistemas alternativos de resolución de conflictos (ADR), el resurgimiento de la víctima, y el abolicionismo penal, entre otros factores. Se desarrolló en los años 70 del siglo XX a partir de experiencias pilotos llevadas a cabo en Ontario (Elmira, Canadá) y en Elkhart (Indiana, EEUU), pero sus raíces son mucho más profundas, remontándose a los pueblos indígenas de EEUU y Nueva Zelanda. Surgió como un esfuerzo por replantear las necesidades generadas por los delitos, así como los roles implícitos en ellos. Concibe el delito como ruptura de las relaciones humanas y sociales antes que como violación de la ley. Tiene en cuenta la dimensión personal del crimen y amplía el círculo de interesados en el proceso judicial, incluyendo no solo al Estado y a la persona ofensora, sino también a la víctima y a otros miembros de la comunidad. La justicia restaurativa requiere, como mínimo, que se atienda a los daños y necesidades de las víctimas, que se inste a las personas ofensoras a cumplir con su obligación de reparar esos daños, y se incluya a víctimas, personas ofensoras y comunidades en este proceso. Los procesos restaurativos deben ser incluyentes, colaborativos y en lo posible generar acuerdos consensuados en lugar de resoluciones impuestas. Emerge, así como un tercer modelo o paradigma de justicia frente al modelo retributivo y al rehabilitador. Es un enfoque abierto e inclusivo, orientado a reparar, en la medida de lo posible, el daño causado por el delito y/o reducir el riesgo de mayor daño. Ello se realiza mediante un proceso por el que las partes involucradas en una ofensa específica resuelven colectivamente el modo de tratar con las consecuencias de la ofensa y sus implicaciones para el futuro. Debe integrarse con la justicia criminal como un proceso complementario que mejore la calidad, efectividad y eficiencia de la justicia su conjunto. Elementos: voluntariedad y autonomía relacional; participación e inclusión; diálogo; y reparación. Sus objetivos primarios son: a) prestar atención plena a las necesidades de las víctimas (materiales, financieras, emocionales y sociales); b) prevenir la reincidencia mediante la reintegración de las personas ofensoras en la comunidad; c) permitir a las personas ofensoras que asuman responsabilidad activa por sus acciones; d) crear una comunidad de trabajo que brinde apoyo a la rehabilitación de las personas ofensoras y de las víctimas; y e) proveer medios para evitar el recurso a la justicia legal y los costos y retrasos asociados a la misma. Sus características son: reconocimiento del protagonismo a las partes del delito; proceso participativo e inclusivo; favorece la comunicación y diálogo entre víctima y victimario; voluntariedad de las partes en cuanto a su participación; y mayor implicación de la comunidad en la gestión de las consecuencias del delito.

Tabla 4. Preguntas Guía

Preguntas Guía de la Justicia Restaurativa
1. ¿Quién ha sido dañado? 2. ¿Cuáles son sus necesidades? 3. ¿Quién tiene la obligación de atender estas necesidades? 4. ¿Quién tiene algún tipo de interés en esta situación? 5. ¿Cuál es el proceso más apropiado para involucrar a todas las partes en un esfuerzo por enmendar el daño?

Fuente. Elaboración propia a partir de Zehr, 2002

Tabla 5. Comparación de postulados entre Justicia punitiva y Justicia restaurativa

Justicia retributiva	Justicia restaurativa
Delito definido como violación contra el Estado	Delito definido como daño de una persona a otra
Centrada en establecer la culpa, el pasado	Centrada en la solución de problemas, responsabilidades, y en el futuro
Relaciones adversariales y proceso normativo	Diálogo y negociación normativa
Imposición de sufrimiento para castigar y prevenir el delito	Restitución como medio para restaurar a las dos partes
Justicia definida por la intención y por el proceso: reglas correctas	Justicia definida como relaciones correctas: enjuiciamiento por el resultado
Conflicto entre el individuo y el Estado	Delito concebido como conflicto interpersonal: reconocimiento del valor del conflicto
Un daño social sustituido por otro	Reparación del daño social
Comunidad secundaria, representada por el Estado	Comunidad como facilitadora del proceso restaurativo

Justicia retributiva	Justicia restaurativa
Acción dirigida del Estado a la persona ofensora: víctima ignorada y ofensor pasivo	Reconocimiento de los roles de la víctima y persona ofensora en el problema y en la solución
Responsabilidad de la persona ofensora definida como castigo	Responsabilidad de la persona ofensora definida como propensión del impacto de la acción y contribución a decidir cómo hacer las cosas bien
Delito definido en términos puramente legales	Delito entendido en el contexto global (moral, social, económico y político)
Deuda hacia el estado y la sociedad en abstracto	Reconocimiento del deber y responsabilidad hacia la víctima
No promueve el arrepentimiento y la disculpa	Posibilidades de arrepentimiento y disculpa

Fuente. Elaboración propia a partir de Zehr, 2002.

Conceptos relacionados

Abolicionismo, Alternative Dispute Resolutions (ADR), comunidad, conflicto, daño, delito, directrices de la justicia restaurativa, Elmira case, justicia indígena, persona ofensora, pilares de la justicia restaurativa, prácticas restaurativas, precursores de la justicia restaurativa, principios de la justicia restaurativa, proceso restaurativo, programa restaurativo, relación entre justicia retributiva y justicia restaurativa, reparación, víctima.

Selección bibliográfica

Johnson, G. y Van Ness, D. 2006. El significado de la justicia restaurativa, en Johnson, G y Van Ness, D. (eds.). *Manual sobre Justicia restaurativa*. Cullompton: Willan Publishing.

Marshall, T. F. 1999. Justicia restaurativa: una visión general. Home Office. Departamento de Investigación y Dirección de Estadísticas. Londres, Reino Unido. Disponible en https://cutt.ly/UlB6xaH.

UNODC. 2020. *Handbook of Restorative Justice Programmes*. Second Edition. Vienna: United Nations.

Van Ness, D. 2005. Una visión general de justicia restaurativa a través del mundo, Documento presentado en el Taller para Mejorar la Reforma de Justicia penal, incluyendo Justicia Restaurativa, Décimo Primer Congreso de las Naciones Unidas sobre la Prevención del Delito y Justicia penal, Bangkok, Tailandia, del 18-25 de abril de 2005.

Zehr, H. 1990. *Changing lenses. A new focus for crime and justice*. Scottdale, Pennsylvania: Herald Press.

–   2002. *The Little book of Restorative Justice*. Intercourse, Pennsylvania: Good Books.

JUSTICIA TERAPÉUTICA (THERAPEUTIC JURISPRUDENCE)

Surge a finales de los años ochenta del siglo XX a partir de los trabajos de David B. Wexler, académico y director del International Network on Therapeutic Jurisprudence, en colaboración con el también profesor Bruce Winick. Constituye el estudio del rol de la justicia como potencial agente terapéutico y supone basarse en las ciencias de la conducta y en los resultados empíricos obtenidos por éstas para que la práctica judicial pueda tener efectos positivos en el estado psicológico de las personas implicadas en el proceso. Se trata de un campo interdisciplinario que incluye a profesionales de las ciencias de la salud, psicología, derecho, criminología y trabajo social. Se basa en el principio que la aplicación de la ley y su sistema adversarial siempre tienen efectos en el estado psicológico y emocional de las personas implicadas e incide en aquellos aspectos que, desde el ámbito judicial, pueden promoverse para que la persona ofensora reduzca la probabilidad de reincidencia y la víctima la probabilidad de presentar efectos negativos derivados de la victimización. La aceptación de responsabilidad en el hecho delictivo por parte del victimario y las disculpas ante la víctima son dos de las variables más desarrolladas dentro de la justicia terapéutica.

Conceptos relacionados

Delito, daño, itinerario restaurativo, justicia procedimental, perdón, persona ofensora, reconciliación, reconocimiento mutuo, reparación, responsabilidad, sanación, víctima, victimización.

Selección bibliográfica

Kavanagh, K. 1995. Don't Ask, Don't Tell: Deception Required, Disclosure Deined. En *Psychology, Public Policy, and Law,* 1(1). Disponible en: https:// cutt.ly/kzeU5mj.

Pillado González, E. 2016. La justicia terapéutica y sus manifestaciones en el proceso penal español. En Barona Vilar, S. (Coord.) *Mediación, arbitraje y jurisdicción en el actual paradigma de justicia.* Pamplona: Civitas.

Wexler, D. B. 1993. Therapeutic Jurisprudence and the Criminal Courts. En *William and Mary Review,* vol. 35, iss. 1. Disponible en: https://cutt.ly/qzeOZVO.

JUSTICIA TRANSICIONAL

Surge como herramienta de apoyo en la recuperación de aquellos países que emergen de situaciones de conflicto armado o violencia política o que han sufrido violaciones sistemáticas de los derechos humanos a gran escala. Se proyecta en acciones judiciales tradicionales pero también en medidas no judiciales. Tienen una naturaleza temporal y están diseñadas como puente entre el pasado y el futuro, entre la guerra y la paz, entre la violación de los derechos humanos y la protección de éstos. Entre las medidas no judiciales destacan las denominadas Comisiones de la Verdad y la Reconciliación (Truth and Reconciliation Commissions). Las Comisiones de la Verdad se orientan a constatar hechos relacionados con infracciones de los derechos humanos en el pasado, fomentar la rendición de cuentas, preservar las pruebas, identificar a los autores y recomendar indemnizaciones y reformas institucionales; también pueden servir de plataforma pública para que las víctimas cuenten directamente al país sus historias personales y pueden facilitar el debate público sobre cómo aceptar el pasado.

Conceptos relacionados
Comunidad, cultura de paz, daño, empatía, perdón, reparación, resilencia, responsabilidad, sanación.

Selección bibliográfica
Consejo de Seguridad de las Naciones Unidas. 2004. El Estado de derecho y la justicia de transición en las sociedades que sufren o han sufrido conflictos. Disponible en: https://cutt.ly/9zrOleA.

M

MEDIACIÓN COMUNITARIA

Sistema de prevención y resolución de conflictos alternativo con el objetivo de mejorar la convivencia vecinal y ofrecer un espacio de diálogo, participación y negociación donde los miembros de la comunidad tienen la oportunidad de trabajar juntos, en igualdad de condiciones, para encontrar soluciones razonadas a sus conflictos. Puede ser preventiva, en la que se trabaja para integrar y asimilar la cultura de la mediación, del pacto y del acuerdo en todos los miembros de la comunidad, sin esperar a que estalle un conflicto; o puede ser resolutiva, que crea un espacio institucionalizado para la resolución de los conflictos a través de la mediación por personas profesionales cualificadas, para evitar que los conflictos se conviertan en acciones violentas. Para determinados conflictos surgidos en el ámbito de las comunidades y de las organizaciones que estructuran de una forma primaria la sociedad, sobre todo, cuando son consecuencia de la ruptura de las relaciones personales entre los afectados, la mediación comunitaria se ha revelado muy útil para resolver problemas caracterizados por el hecho de que las personas involucradas deben continuar relacionándose. Son ejemplos evidentes los conflictos derivados de compartir un espacio común y las relaciones de vecindad, profesionales, asociativas, colegiales o, incluso, del ámbito de la pequeña empresa.

Conceptos relacionados
Alternative Dispute Resolutions (ADR), comunidad, conflicto, justicia de paz, mediación policial, persona facilitadora.

Normativa
Ley 15/2009, de 22 de julio, de mediación en el ámbito del Derecho privado.

Selección bibliográfica
Alzate Sáez de Heredia, R., Fernández Villanueva, I. y Merino Ortiz, C. 2013. Desarrollo de la cultura de paz y la convivencia en el ámbito municipal: la mediación comunitaria. En *Política y Sociedad,* 50, n° 1.
Rubio, M. J. 2015. Un servicio de mediación de y para los ciudadanos. Trabajo Final del Curso complementario Justicia restaurativa: nuevas perspectivas en mediación. Donostia-San Sebastián: IVACKREI.

MEDIACIÓN ENTRE VÍCTIMA Y PERSONA OFENSORA[2]

La mediación es una técnica de resolución de conflictos mediante la cual son las partes mismas inmersas en un conflicto quienes tratan de llegar a un acuerdo con la ayuda de una persona facilitadora imparcial que no tiene facultades de decisión. Es probablemente la forma más común y más desarrollada de los sistemas de prácticas

---

[2]   También denominada Conferencia víctima-ofensor o Programa de Reconciliación víctima-delincuente.

restaurativas. El uso de la mediación se ha desarrollado en diversos ámbitos privados, como es el caso de la mediación familiar, mediación laboral, mediación empresarial, mediación en el ámbito del consumo, entre otras. En cuanto al ámbito público, la mediación penal, en nuestro ordenamiento jurídico, se genera en el sistema penal de adultos a través del proyecto piloto implantado por el CGPJ (2005) en consecuencia con el mandato comunitario de la Decisión marco del Consejo, de 15 de marzo de 2001, relativa al estatuto de la víctima en el proceso penal (2001/220/JAI). El carácter restaurativo de la mediación penal estaría en que va más allá de una estrategia de resolución de conflictos al contener dimensiones como la empatía, la responsabilidad y la alteridad a la vez que se basa en la idea de cuidado y pacificación. No trata propiamente de restablecer el *status quo* anterior al hecho delictivo sino que trata de establecer unas relaciones interpersonales basadas en el respeto mutuo y la cooperación.

La mediación penal se ha definido como un proceso consensual auto compositivo que permite a la víctima de forma voluntaria reunirse con la persona ofensora, promueve que ésta comprenda el impacto del daño producido y asuma su responsabilidad, y que víctima y persona ofensora decidan un plan de restauración. Esta práctica ofrece la posibilidad de discutir los efectos del crimen, expresar preocupaciones y sentimientos, así como se hace una apuesta a la sanación emocional, la comprensión del hecho y a la participación de las personas implicadas como un ejercicio que las hace responsables.

El proceso de mediación puede ser directo, cuando es posible un contacto directo entre la víctima y la persona ofensora, pero también puede darse el proceso de mediación de forma indirecta, en el que la persona facilitadora se reúne con las partes de manera sucesiva y por separado, no existe face-to-face y permite que en determinados delitos se evite la violencia que comporta el volverse a encontrar ambas en el mismo espacio.

Fases de la Mediación:

1. Contacto:

Admisión/información: una vez recibida la asignación de un caso, la persona facilitadora (en este caso persona mediadora) deberá estudiar la documentación aportada y ver la viabilidad del mismo. Valorando la voluntariedad, el reconocimiento y capacidad de las partes. Si considera viable el proceso, iniciará contacto con las partes, generalmente telefónico pero también puede ser por carta. Primero contactará con la persona ofensora y posteriormente con la víctima.

2. Acogida:

Introducción/presentación/compromiso: primer encuentro con las partes en sesiones individuales, donde la persona mediadora informará acerca de: explicar su función; explicar de dónde viene la derivación a mediación (si ellas no la han solicitado); explicar qué es y en qué consiste el proceso de mediación; preguntar a las partes si consideran que la mediación puede ayudarles a solucionar el conflicto y hallar una reparación satisfactoria. En este punto, si las partes están conformes firmaran un documento de consentimiento informado, en caso de que tengan dudas, se les dará un margen de tiempo para que lo puedan consultar o meditar la decisión. Si la víctima fuese menor de edad, necesariamente tiene que acudir acompañada de su representante legal. En caso de desigualdad de criterio entre el menor y su representante legal, prevalecerá la decisión del menor. El mismo criterio se seguirá cuando la víctima sea una persona judicialmente incapacitada.

- Recogida de información: así mismo en esta primera entrevista individual o si resulta necesario se realizará una segunda entrevista individual, la persona mediadora preguntará a cada una de las partes sobre sus datos personales y aquellos relacionados con el conflicto, sobre información de los hechos acaecidos y sobre los sentimientos que les atañen; puede ayudarse entregando un cuestionario previamente elaborado que es el mismo para persona ofensora y víctima. Toda esta información va a proporcionar a la persona mediadora los puntos clave acerca de las necesidades, intereses, sentimientos y emociones de las partes, para así establecer los temas a tratar, ya sean principales, subyacente u ocultos.

3. Encuentro dialogado

- Reunión conjunta: en esta reunión las partes cuentan su versión de los hechos, expresan libremente sus sensaciones y sentimientos; y la persona mediadora trabaja con estas versiones y resume las mismas con las partes, asegurándose ante ellas de que ha entendido el conflicto existente y de que es importante identificar cuáles son los posibles focos discordantes; tratando la persona mediadora de que cada una se pueda poner en la posición de la otra y ofrecer respuestas ante las mismas. Se exploran las necesidades e intereses para así generar opciones y alternativas. Se evalúan opciones y se llega a un acuerdo, en su caso. Las dos partes han de ganar, pues esta es la clave de la imparcialidad y neutralidad que marcan el sentido de la mediación. Para llegar a estos fines son necesarios unos medios que la persona mediadora debe conocer y dominar y que se denominan criterios de intervención y no técnicas de negociación, pues el encuentro entre la víctima y la persona ofensora no es una negociación sino un encuentro conciliador.

• Acuerdo: las partes no sólo deben poder decidir libremente sobre el acuerdo al que quieren llegar, sino que la persona mediadora debe permitir que ambas se hayan podido expresar en las mismas condiciones de igualdad, hayan tenido las mismas oportunidades, etc.

La persona mediadora en la toma de acuerdos de las partes deberá velar porque estos sean: equilibrados respecto a los intereses de las partes, asumibles por ambos y conformes a la ley vigente. El acuerdo se plasma en un Acta de reparación y se les da copia a ambas partes. Si no hubiera acuerdo, se continuaría con el procedimiento judicial en su caso.

4. Ejecución o seguimiento del acuerdo:

Supone el seguimiento de la realización de las fórmulas de reparación que se hubieren pactado por las partes, tanto la reparación material como la reparación simbólica. Es importante determinar un plan de reparación con el plazo para cumplir con lo acordado. La reparación debe realizarse con carácter previo a la celebración del juicio a los efectos de su valoración. Si no se cumple el acuerdo, la persona mediadora puede volver a mediar o debe informar para que continúe el procedimiento judicial en su caso.

Conceptos relacionados
Co-mediación, conflicto, daño, delitos mediables, empatía, encuentro reparador, mediación penal intrajudicial, modelos teóricos-metodológicos de mediación, perdón, persona facilitadora, persona ofensora, plan de restauración, práctica restaurativa, principios de la mediación, proceso restaurativo, reconocimiento mutuo, reparación, responsabilidad, sanación, técnicas de mediación, víctima.

Normativa
Directiva 2012/29/UE del Parlamento Europeo y del Consejo, de 25 de octubre de 2012, por la que se sustituye la Decisión marco 2001/220/JAI del Consejo relativa al estatuto de la víctima en el proceso penal.

Selección bibliográfica
Barona Vilar, S. 2011. *Mediación penal, fundamento, fines y régimen jurídico.* Valencia: Tirant lo Blanch.
Martínez Camps, M. M. 2016. El mediador en el proceso. En Cervelló Donderis, V. (Dir.). *Cuestiones prácticas para la aplicación de la mediación penal.* Valencia: Tirant lo Blanch.
Olalde, A. (2017). *40 ideas para la práctica de la justicia restaurativa en la jurisdicción penal.* Madrid: Dykinson.

Ríos Martín, J., Segovia Bernabé, J. L. y otros. 2011. Reflexiones sobre la viabilidad de instrumentos de justicia restaurativa en delitos graves. En Martínez Escamilla, M. (Coord.). *Justicia Restaurativa, Mediación penal y penitenciaria: un renovado impulso*. Madrid: Reus.

Tamarit Sumalla, J. 2012. La justicia restaurativa: concepto, principios, investigación y marco teórico. En Tamarit Sumalla, J, (Coord.). *La justicia restaurativa: desarrollo y aplicaciones*. Granada: Comares.

Umbreit, M. S. 2001. *The handbook of Victim Offender Mediation. An Essential Guide to Practice and Research*. New York: Jossey Bass.

Varona Martínez, G. 2018. *Justicia restaurativa desde la Criminología: mapas para un viaje inicial*. Madrid: Dykinson.

MEDIACIÓN INTERCULTURAL

Proceso que contribuye a mejorar la comunicación, la relación, y la integración intercultural entre personas o grupos presentes en un territorio y pertenecientes a una o varias culturas y con códigos culturales diferentes. Se pretende la evolución desde el multiculturalismo hacia la interculturalidad, en busca de una integración basada en el respeto y en el reconocimiento recíproco. La función de la mediación como promotora de cultura de paz es la respuesta evolutiva del ser social que, insatisfecho de encontrarse con el otro por la vía de la confrontación y la extinción mutua, no ve más solución para sobrevivir que reconocer a la otra persona y dialogar en la diferencia. Las tipologías de la mediación intercultural que pueden darse, son: preventiva, para facilitar el acercamiento, la comunicación y la comprensión entre personas /grupos con diferentes códigos culturales; rehabilitadora, para regular y resolver conflictos entre individuos o grupos con códigos culturales distintos; y transformadora, para superar las normas y alcanzar nuevas, así como nuevos modos de relación. En cuanto a las acciones que contempla destacan: incluir en su concepción la perspectiva lingüística como un espacio posible de intermediación; dirigir la atención hacia la convivencia; intervención transversal, en el sentido de actuar en diferentes ámbitos de las relaciones sociales e interpersonales; e incluir la perspectiva estructural de cambio social a través de la transformación de las relaciones entre los ciudadanos.

En la mediación intercultural las funciones de la persona mediadora son: facilitar la comunicación; intervenir en la prevención, resolución y transformación de conflictos y tensiones; asesorar a los agentes sociales en temas de interculturalidad; promover el acceso a los servicios y recursos; construir ciudadanía; y favorecer la participación.

Tabla 6. Mediación intercultural

Mediación Intercultural	
Definición	Modalidad de mediación social
Especificidad	Contextos de multiculturalidad significativa
Ámbito	Relaciones entre individuos, grupos y comunidades
Objetivo	Promoción de la convivencia y la diversidad cultural

Mediación Intercultural	
Recursos	Reconocimiento Comunicación Diálogo Convivencia
Conflicto	Prevención Resolución
Acciones	Apoyo a profesionales Acogida institucional Prevención y gestión del conflicto Traducción e interpretación Dinamización comunitaria Participación ciudadana
Contexto de intervención	Sociojurídico Laboral Institucional Educativo Sanitario Familiar Vecinal

Fuente. Elaboración propia a partir de SEMSI, Madrid, 2010.

En el ámbito penitenciario, los centros penitenciarios de Figueres (Girona) y La Roca del Vallés (Barcelona) prestan un servicio de mediación intercultural, que consiste en facilitar una atención adecuada a las necesidades e intereses de la población interna que proceden de otras culturas, así como formar a las personas profesionales que trabajan con las personas internas. El fin es facilitar la convivencia entre personas de diversas procedencias culturales y fomentar el conocimiento de los derechos humanos que son transversales a las diferentes culturas, la tolerancia y el respeto. Objetivos:

- Fomentar el reconocimiento de la diversidad cultural promoviendo actividades educativas, talleres y espacios para mejorar competencias de comunicación intercultural en la población inmigrante y sus interlocutores en el medio penitenciario.
- Prevenir y mediar en los conflictos culturales que se puedan presentar entre inmigrantes y sus interlocutores.
- Facilitar la negociación entre las partes. Evitar la violencia real o simbólica y que una de las partes imponga su código cultural al otro a través de una presión asimiladora o la indiferencia.
- Asesorar a los profesionales en el diseño y la aplicación de programas educativos interculturales e inclusivos.
- Realizar la traducción y facilitar la interpretación de códigos culturales tanto a nivel oral como escrito (traducción de documentos, normativas, hojas informativas, carteles...).
- Proporcionar apoyo, información, orientación y asesoramiento en materia social, legal, sanitaria y administrativa con los consulados, embajadas o con otros organismos, en relación con las derivaciones de casos y necesidades detectadas por los equipos de tratamiento y la administración penitenciaria.
- Facilitar información y contactos en la población inmigrante en situación de libertad condicional, de los servicios externos que, en los ámbitos económicos,

psicológico, sanitario, educativo y cultural les pueden servir de apoyo en su proceso de reinserción e integración social.

Conceptos relacionados

Comunidad, conflicto, justicia de paz, persona facilitadora, reconocimiento mutuo.

Selección bibliográfica

Bodelón-González, E. 2007. Mujer inmigrante y sistema penal en España. La construcción de la desigualdad de género en el sistema penal. En Samaranch-Alameda, E. y Bodeloón González, E. *Un enfoque socio-jurídico y de género*. Madrid: Dykinson.

CEPAIM (s.f.). *Mediación intercultural en el ámbito penitenciario*. Recuperado de: https://lc.cx/zxVXWG. Fecha de consulta: 16/11/2023.

Fundación Secretariado Gitano. 2007. *Mediación intercultural: retos y contextos multiculturales*.

Casanovas i Romeu, P., Magre Ferrán, J. y Lauroba Lacasa, M. E. 2011. *Libro Blanco de la Mediación en Catalunya*. Barcelona: Generalitat de Catalunya.

Grupo Triángulo (2007). Guía para la mediación intercultural. En *Cuaderno de mediación intercultural*, nº 1. Recuperado de: https://lc.cx/q7BHtb. Fecha de consulta: 16/11/2023.

Urruela-Arnal, I. y Bolaños-Cartujo, I. (2012). Mediación en una Comunidad Intercultural. En *Anuario de Psicología Jurídica*, 22.

MEDIACIÓN PENAL EN PRISIÓN

Manifestación de justicia restaurativa en los centros penitenciarios que puede adoptar diversas formas, como talleres restaurativos o la más paradigmática que son encuentros entre una persona ofensora y la víctima o familiares de la víctima. Este encuentro se produce en fase de ejecución de condena y siempre desde la asimetría del conflicto, desde la superioridad moral de la víctima. Es necesario que se haya establecido la verdad e impuesto la pena. El encuentro reparador es un encuentro personal dirigido a comprender no a conceder. El objetivo primordial de los diálogos restaurativos sería que las personas fuesen capaces de abandonar parte de su pasado, de superarlo, al menos parcialmente, que les permita seguir adelante. Las víctimas demandan que se les escuche, es por lo que el sistema está obligado a habilitar mecanismos y recursos de mediación que lo hagan posible. En el juicio penal no hay lugar para que las víctimas expresen su dolor. El juicio como reconstrucción histórica de un hecho concreto no se ocupa de la persona, le interesa el relato del hecho, la capacidad para convencer o persuadir de que las cosas sucedieron según la hipótesis que se mantenga. Por otra parte, el crimen ha sido posible, entre otras cosas, porque la persona ofensora ha deshumanizado a sus víctimas, las ha arropado con los hábitos del enemigo o las ha degradado a mero objeto prescindible. Será preciso que la persona ofensora recorra el camino inverso al que le condujo el crimen, y para ello hay que rehumanizar a la víctima, que recupere en la mirada de quien le agredió todos sus atributos como individuo, único e irrepetible, insustituible. El instrumento para humanizar a la víctima es el diálogo, el uso de la palabra, de la escucha y de la percepción del otro.

La primera experiencia de mediación penal en prisión llevada a cabo en España fue a instancia de la Dirección de Atención a las Víctimas del Terrorismo del País Vasco y se le denominó "vía Nanclares". Participaron ex miembros de la banda terrorista ETA que habían rechazado la violencia y víctimas y familiares de víctimas que se adhirieron voluntariamente al programa. Los primeros encuentros tuvieron lugar en 2011 y terminaron en junio de 2012. Fueron doce encuentros cara a cara y uno por carta, aunque solo uno de ellos fue entre victimario y víctima directa, en los demás casos las familias no coincidían con el victimario que mató a su padre, hermano, esposo, etc. Los victimarios manifestaron su arrepentimiento, cese en la banda terrorista y pidieron perdón. Las víctimas querían saber por qué hicieron lo que hicieron. Los internos no obtuvieron beneficios penitenciarios directos, aunque la petición de perdón y cese de la violencia son requisitos para la obtención de tercer grado y la libertad condicional; además se les acercó al centro penitenciario de Nanclares de la Oca (Álava) para seguir cumpliendo condena, más cerca de sus lugares de residencia, como excepción a la política de dispersión aplicada a este colectivo de internos. Algunos presos de ETA consideraron esta vía humillante y exigieron respuestas colectivas de acuerdo con ciertas doctrinas de la justicia transicional con amnistías e indultos generales.

Una experiencia más reciente es la llevada a cabo en la prisión de Sevilla II (Morón de la Frontera) en enero de 2020 donde se ha instaurado un programa taller de justicia restaurativa en el que participan 17 internos, guiados por una persona facilitadora, donde expresan sus emociones, arrepentimiento, en aras de auto gestionar su responsabilidad por el daño cometido. También se ha producido en julio de 2020, en este mismo centro penitenciario, un encuentro entre los padres de un joven asesinado con el autor de los hechos.

Conceptos relacionados

Daño, empatía, encuentro reparador, perdón, persona facilitadora, persona ofensora, reconocimiento mutuo, resilencia, responsabilidad, sanación, vergüenza reintegradora, vía Nanclares, víctima, victimización.

Normativa

Ley 10/1995, de 23 de noviembre, del Código Penal (art. 90).

Selección bibliográfica

Christie, N. 2013. La definición del comportamiento violento. En *Delito y Sociedad: Revista de Ciencias Sociales,* n° 36.

Martín, A. y Rodríguez Pérez, M. P. 2019. *Tras las huellas del terrorismo en Euskadi.* Madrid. Dykinson.

Ríos Martín, J. C. 2021. *Relatos de reconciliación entre víctimas y agresores en procesos restaurativos.* Granada: Comares.

Sáez Valcárcel, R. 2011. Notas sobre justicia restaurativa y delitos graves. Dialogando sobre "las reflexiones" y su viabilidad. En Martínez Escamilla, M. (Coord.). *Justicia restaurativa, mediación penal y penitenciaria: un renovado impulso.* Madrid: Reus.

MEDIACIÓN PENAL INTRAJUDICIAL

La mediación penal intrajudicial, esto es, la mediación que opera dentro del procedimiento penal, se da cuando el conflicto está ya ventilándose en el sistema de justicia, cuando ya ha sido judicializado. El objetivo de esta mediación es obtener una resolución jurisdiccional de mayor calidad que satisfaga en lo posible a todas las personas intervinientes, que repare de manera integral a la víctima y que evite el enquistamiento del conflicto. Se trata de dar una respuesta judicial que tutele efectivamente las pretensiones de las partes, por lo que no nos encontramos ante una renuncia a la tutela judicial, sino ante otra forma de proveer el amparo de los derechos e intereses caracterizada por un mayor protagonismo e intervención de las personas implicadas. Es un vehículo de participación de la comunidad en el sistema de justicia penal que produce un enriquecimiento tanto en las relaciones de ésta con los justiciables como en la de los justiciables entre sí, configurándose también como un instrumento de cohesión social.

La Decisión Marco del Consejo de la Unión Europea de 15 de marzo (2001/220/JAI), relativa al estatuto de la víctima en el proceso penal, señala que: "los Estados miembros procurarán impulsar la mediación en las causas penales (...). Velarán para que pueda tomarse en consideración todo acuerdo entre víctima e inculpado que se haya alcanzado con ocasión de la mediación (...). Los Estados miembros pondrán en vigor las disposiciones legales necesarias para dar cumplimiento a lo estipulado, a más tardar el 22 de marzo de 2006" (arts. 10 y 17). La creación de un sistema de mediación penal de adultos es una necesidad en el orden penal. No obstante, no se ha llegado a realizar ninguna regulación positiva al respecto, salvo su mención en el art. 84.1 del CP en materia de suspensión de la pena. Las experiencias de mediación penal de adultos en España son experiencias de *facto*. Las primeras prácticas las llevaron a cabo algunas Comunidades Autónomas de forma aislada. Así, cronológicamente, el primer antecedente se encuentra en el Juzgado de Instrucción nº 2 de Valencia, en convenio con la Oficina de Ayuda a la Víctima del Delito, que inicia un programa de mediación de adultos para delitos y faltas en 1993. En Cataluña se inicia la mediación penal de adultos en 1998 por parte de la Dirección General de Medidas Alternativas y justicia juvenil (que desde 1990 realizaban mediación en delincuencia juvenil); y la primera experiencia se lleva a cabo en el municipio de San Adriá de Besos en el año 2000 impulsada por la Diputación provincial del Barcelona. La Rioja en el año 2000 inicia un proyecto piloto de mediación a través de la firma de un Convenio entre gobierno autónomo y el Ministerio de Justicia y se desarrolla a través de la Oficina de atención a las víctimas creada en 1999. Por su parte, en Madrid, la Asociación Apoyo comienza un programa de mediación comunitaria víctima-infractor en el año 2001; llevándose a cabo en 2005 una experiencia de mediación penal de adultos en el Juzgado de lo Penal nº 20 de Madrid en colaboración con la Fiscalía del Tribunal Superior de Justicia.

A partir de estas experiencias, el Servicio de Análisis y Planificación de la Actividad Judicial del CGPJ promueve un Proyecto piloto de mediación penal de adultos con carácter nacional y con la colaboración de juzgados y tribunales de toda España. Al principio solo intervinieron diez juzgados, pero progresivamente este número fue en aumento llegando a ciento sesenta. El Proyecto denominado "Justicia restaurativa y mediación penal: análisis y valoración de las experiencias de mediación penal" se inicia en 2005 aunque se consolida en enero de 2007 con la firma del contrato con la Asociación de Mediación para la Pacificación de Conflictos, que era la encargada de coordinar todos los equipos de mediación en los diferentes juzgados, trabajaban voluntariamente, contando con la colaboración de los fiscales y con la existencia consolidada en la provincia de servicios de mediación estables. Estos servicios trabajaban para el juzgado, aunque en una sede diferente. Unas veces se firmaba un convenio con las Comunidades Autónomas que cedían locales para implantar la oficina de mediación, otras veces los convenios se firmaban con el Ministerio de Justicia e incluso había ocasiones en las que los locales eran cedidos por Organizaciones no Gubernamentales (en adelante ONGs). Para la puesta en marcha del Proyecto se elaboró un protocolo de actuación, concretamente se realizó en 2006 y se actualizó en 2016, denominado "Guía práctica para la mediación intrajudicial", en la que se recoge además del protocolo para la praxis de la mediación penal, protocolos para la mediación civil, familiar, laboral y contenciosa-administrativa.

Finalizado el proyecto al cabo de un año, la mediación penal en la jurisdicción de adultos continúa, es una mediación de *facto* al carecer de legislación específica. El compromiso europeo para regularla se ha pospuesto *sine die* a una posterior reforma de la LECrim y del CP. Tal reforma no se vislumbra en el actual calendario del poder legislativo. Hay que señalar que Cataluña y País Vasco han consolidado la mediación penal de adultos de una manera más firme que en el resto de España.

Ambas Comunidades Autónomas tienen transferidas algunas competencias en materia de administración de justicia y la competencia en materia de ejecución penitenciaria según lo establecido en la Constitución Española (en adelante CE) y en sus respectivos Estatutos de Autonomía. Esto ha contribuido a que la consolidación de la mediación, en general, y la mediación penal de adultos, en particular, se haya impulsado bajo el auspicio de algunas instituciones catalanas y vascas casi desde sus inicios.

La mediación penal intrajudicial se produce cuando en un juzgado o tribunal se deriva un caso a mediación entre víctima y persona ofensora y en el caso de lograr un acuerdo se proyectará en el proceso penal. Los efectos del acuerdo de mediación penal intrajudicial pueden ser los siguientes:

1. En la determinación de la pena: a) apreciación de la atenuante simple de reparación del daño (art. 21.5º del CP); b) valoración como muy cualificada de la atenuante de reparación del daño (art. 21.5º y 66.2º del CP); c) apreciación de atenuantes específicas previstas en la par-

te especial; y d) posible atenuante analógica a la confesión (art. 21.4 del CP).

2. En la determinación de las consecuencias civiles: renuncia, satisfacción completa, pago aplazado, etc.

3. En la modalidad de ejecución de las penas impuestas: a) suspensión de la pena privativa de libertad (arts. 80 a 87 del CP), preceptos que exigen atender a la víctima y la reparación o pago de las responsabilidades civiles, además de la posibilidad de imposición de reglas de conducta que pueden relacionarse con la voluntad de resocialización y rehabilitación (art. 83 y 87 del CP), y entre ellas la de someterse a un procedimiento de mediación, previo consentimiento de la víctima; b) suspensión de la ejecución de la pena privativa de libertad en sentencias de conformidad en diligencias urgentes, con el compromiso de la persona penada de satisfacer las responsabilidades civiles en el plazo prudencial que el Juzgado de Instrucción le fije (art. 801.3º de la LECrim); c) posibilidad de imponer mediación como condición para la suspensión de la ejecución de la pena (art. 83.6º del CP); d) imposición de una pena reparadora (art. 49 del CP). La pena de trabajos en beneficio de la comunidad tiene también un contenido básicamente reparador, prevista como sanción principal, como sanción sustitutiva (art. 88 del CP) o como sanción subsidiaria (art. 53 del CP); e) obtener, ante una buena evolución del programa individualizado de tratamiento penitenciario, permisos de salida, progresión en grado y libertad condicional (arts. 90 a 93 del CP); f) extinción de la pena impuesta (art. 130 del CP), mediante el perdón del ofendido y el indulto.

Si la mediación no culminará con acuerdo se informará de estas circunstancias al Juez o en su caso al Fiscal, respetando la confidencialidad de lo que se haya venido aportando en la misma y acabaría mediante un Acta en la que se haría constar que no se llegó a consenso alguno.

Tabla 7. Evolución de casos

	2022			2021		
	Dv[3]	c/a[4]	s/a[5]	Dv	c/a	s/a
Andalucía	43	6	16	35	5	10
Aragón	13	4	2	6	2	0
Asturias	0	0	0	0	0	0
Illes Balears	0	0	0	0	0	0
Canarias	74	33	43	1	0	0
Cantabria	0	0	0	0	0	0
Castilla y León	33	15	5	43	14	25
Castilla-La Mancha	1	0	0	2	0	0
Cataluña	799	221	245	780	316	256
Comunitat Valenciana	14	3	2	26	11	9

---

[3]   Dv: casos derivados a mediación.

[4]   c/a: casos derivados a mediación con acuerdo.

[5]   s/a: casos derivados a mediación sin acuerdo.

	2022			2021		
	Dv[3]	c/a[4]	s/a[5]	Dv	c/a	s/a
Extremadura	0	0	0	0	0	0
Galicia	8	0	5	27	11	19
Madrid	52	18	30	89	30	42
Murcia	31	12	7	66	20	25
Navarra	638	220	230	578	193	180
País Vasco	744	314	230	1.080	394	270
La Rioja	10	9	2	14	2	5
TOTAL	2.460	855	869	2.747	998	839

Fuente. Elaboración propia a partir de los datos del CGPJ

Conceptos relacionados
Circuito de derivación en mediación penal intrajudicial, delitos mediables, formas sustitutivas de ejecución penal, indicadores de idoneidad para derivación a mediación, mediación entre víctima y persona ofensora, protocolo para mediación penal intrajudicial, sistema de garantías y mediación penal.

Normativa
Ley 10/1995, de 23 de noviembre, del Código Penal (arts. 21.4, 21.5, 49, 53, 66.2, 80 a 88, 90 a 93, 130). Consejo de la Unión Europea, Decisión Marco del 15 de marzo de 2001, relativa al estatuto de la víctima en el proceso penal (2001/220/JAI) (arts. 10 y 17).

Selección bibliográfica
Cervelló Donderis, V. 2013. Principios y garantías de la mediación penal desde un enfoque resocializador y victimológico. En *Revista Penal*, n° 31.

– 2016. La mediación en el sistema penal español. En Cervelló Donderis, (Dir.). En *Cuestiones prácticas para la aplicación de la mediación penal*. Valencia: Tirant lo Blanch.

CGPJ. 2007. Conclusiones del seminario "Justicia reparadora: mediación penal y su introducción en el ordenamiento penal español" (SE-07047). Madrid. 2016. *Guía práctica para la mediación intrajudicial*. Disponible en: https:// cutt.ly/1zRIpkN.

García García-Servigón, J. 2010. Experiencias de mediación penal de adultos en España. En *Rivista di Criminologia, Vittimologia e Sicurezza*, vol. IV, n° 3.

Manzanares Samaniego, J.L. 2007. Mediación, reparación y conciliación en el Derecho Penal. Granada: Comares.

Ordóñez Sánchez, B. 2007. La mediación penal en las oficinas de asistencia a las víctimas de delitos. En *La Ley*, n° 44.

Ríos Martín, J. C. 2007. La mediación, instrumento de diálogo para la reducción de la violencia penal y penitenciaria. En *La Ley*, n° 44.

Sáez Valcárcel, R. 2007. La mediación reparadora en el proceso penal. Reflexión a partir de una experiencia. En *CGPJ*.

MEDIACIÓN PENAL JUVENIL

La LORPM contempla la justicia restaurativa, concretamente la mediación, como posible forma de resolver el conflicto. No obstante, muy escasamente habla de mediación, puesto que la considera una técnica para llegar a un resultado jurídico como es la conciliación o la reparación. En este sentido, el RLORPM incluye el concepto de soluciones extrajudiciales del cual forman parte tanto prácticas en las que la víctima participa activamente (mediación) como otras en las cuales no participa la víctima (prestaciones en beneficio de la comunidad o realización de actividad educativa). El punto de partida para la mediación es la denuncia formulada contra un menor, de entre catorce y diecisiete años, que haya cometido una acción u omisión constitutiva de delito. Por tanto, es una respuesta a un hecho delictivo que implica la confrontación del menor infractor con su conducta y las consecuencias de ésta. Estimula un proceso de cambio de conducta en la medida en que ayuda al menor a sentirse responsable de sus actos, comprender el efecto que tienen en los demás y compensando o reparando éste directamente o indirectamente. A su vez, a través de la mediación se le ofrece a la víctima el espacio para participar activamente en la solución del conflicto. La mediación puede consistir en una conciliación entre el menor y la víctima, en una reparación del daño causado, o bien en la realización de una actividad socio educativa. Se entiende por conciliación, la satisfacción psicológica proporcionada por el menor infractor a la víctima, reconociendo el daño causado y disculpándose, aceptando ésta las disculpas y otorgando su perdón (art. 19 de la LORPM). Este encuentro entre el menor y la víctima implica una voluntariedad de las dos partes. Ahora bien, cuando el delito cometido sea de agresión sexual o agresión sexual a menores de dieciséis años (Capítulos I y II del Título VIII del CP) o esté relacionado con la violencia de género, solo podrá haber conciliación (no podrá darse ninguna otra forma de reparación) siempre la víctima lo haya solicitado expresamente y que el menor infractor haya realizado la medida accesoria de educación sexual y de educación para la igualdad. Y se entiende por reparación, el compromiso asumido por el menor de reparar el daño causado, bien directamente en beneficio de la víctima, o bien mediante trabajos en beneficio de la comunidad que repercuta en el ámbito comunitario, o realizar una tarea socio-educativa (art. 19.2 de la LORPM). La participación de la comunidad se articula a través de las instituciones públicas y entidades privadas. Éstas, mediante los mecanismos de colaboración necesarios, tal como se establece en el art. 44 de la Ley 1/1998, de 20 de abril, de los derechos y la atención al menor, aportarán los espacios y actividades que puedan posibilitar al menor nuevas experiencias y formas de relacionarse con la comunidad, fomentando así una labor educativa, preventiva y socializadora.

La mediación puede ser presentencial y postsentencial. La primera, tiene como consecuencia el desistimiento de la continuación del expediente del menor infractor y será el equipo técnico quien se encargue de llevar a cabo la mediación. Y la segunda, dejar sin efecto la medida impuesta y que el menor se halla cumpliendo, quedando reservada la labor mediadora a la institución donde se está ejecutando la medida. Por su parte, la responsabilidad civil puede quedar al margen de la mediación, pudiéndose dar ambas por separado.

1. Mediación presentencial:

Si el menor infractor cumpliera los requisitos establecidos en el art. 19.1 de la LORPM (falta de violencia o intimidación grave en la comisión de los hechos y se haya conciliado con la víctima o haya asumido el compromiso de reparar el daño causado a la víctima o se haya comprometido a realizar la actividad educativa propuesta por el equipo técnico en su informe) el Ministerio Fiscal podrá desistir de la continuación del expediente (art.19.1 LORPM).

Las dos formas de llegada de los casos a mediación son:

- El Ministerio Fiscal aprecia las posibilidades de desistir de la continuación del expediente, bien a la vista de las circunstancias, bien a instancias de la letrada/o de la defensa. El Ministerio Fiscal solicita del equipo técnico un informe sobre la conveniencia de adoptar la solución extrajudicial más adecuada al interés del menor y al de la víctima.

- La iniciativa corresponde al equipo técnico, durante el proceso de evaluación que realiza sobre la situación del menor para la elaboración del informe correspondiente (art. 27 LORPM). Si el equipo técnico aprecia la conveniencia de la entrada del menor en un proceso de mediación informa al Ministerio Fiscal y al letrada/o del menor. Y si el Ministerio Fiscal aprecia la posibilidad de desistir de la continuación del expediente, solicita al equipo técnico un informe de la solución extrajudicial más adecuada.

Procedimiento de mediación (art. 5 del RLORPM).

- Recepción del caso:
  La recepción del caso por parte del equipo técnico supone una solicitud de valoración de idoneidad o conveniencia de adoptar o no una solución extrajudicial, y en caso afirmativo, cual es será la más adecuada. Por tanto, esta solicitud ha de tener una

respuesta mediante el informe. Un informe que es de naturaleza completamente distinta al de la situación del menor que se realiza para el proceso judicial. La solicitud viene acompañada de las diferentes actuaciones realizadas: denuncia, atestado policial, declaración del menor, etc. El equipo técnico cita a su presencia al menor, a sus representantes legales y a su letrada/o defensor.

- Fase de contacto con el menor, padres y letrada/o:
  El equipo técnico expondrá al menor la posibilidad de solución extrajudicial, oirá a sus representantes legales y a la letrada/o del menor.
  Si el menor acepta la solución extrajudicial, se recabará la conformidad de sus representantes legales. Si el menor o sus representantes legales manifiestan su negativa, el equipo técnico lo comunicará al Ministerio Fiscal e iniciará la elaboración del informe de la situación del menor que se establece en el art. 27.1 de la LORPM. En esta fase el equipo técnico valora la idoneidad o conveniencia de solución extrajudicial con el menor. Se establecen criterios como: el reconocimiento del daño (empatía), la responsabilización del menor y su capacidad para reparar.

- Fase de contacto con la víctima:
  El equipo técnico tendrá en cuenta la actitud de escucha de la víctima y valorará el grado de victimización de la misma que depende de múltiples variables, entre otras: intensidad del grado de riesgo sufrido; carácter inesperado del hecho; intensidad y percepción del suceso sufrido; mayor o menor vulnerabili-

dad de la víctima; apoyo social o familiar existente; y recursos psicológicos de afrontamiento. Así mismo, el citado equipo determinará la capacidad y voluntad de participación de la víctima en una solución extrajudicial. Los principales criterios a tener en cuenta son: si la víctima reconoce al menor infractor como interlocutor válido para la solución del conflicto; la ausencia de deseos vindicativos; los propios deseos de la víctima en solucionar el conflicto; y su voluntad de participar activamente. Tras esta fase, el equipo técnico ha de estar en disposición de decidir si la víctima se muestra conforme o disconforme a participar en un proceso de mediación, si es conveniente o no que la víctima participe, y el tipo de programa que tendrá lugar (con participación de la víctima (directa o indirecta) o sin participación de la víctima (trabajos en beneficio de la comunidad o actividad educativa).

- Fase de encuentro.
Encuentro entre menor infractor y víctima cuyo objetivo es la conciliación así como concretar los acuerdos de conciliación y/o reparación. Se utilizan técnicas para flexibilizar las posiciones de ambas partes, etc. También es posible, si la víctima así lo pide, que no tenga lugar el encuentro directo y sí la conciliación indirecta (por ejemplo mediante carta o escrito) y la reparación (económica, social...). Si la víctima no participa en el programa no se dará esta fase de encuentro, pero no significa que el menor infractor haya de salir de las soluciones extrajudiciales

si se había valorado que sería ésta su respuesta. En estos casos el RLORPM señala lo que de una forma genérica la ley recoge como actividad educativa, esto es, tareas socioeducativas (asistencia a cursos, etc.) o actividades de tipo comunitario. Se configura una "reparación social" valorada y decidida por el propio menor.

- Fase de evaluación e informe:
  El equipo técnico pondrá en conocimiento del Ministerio Fiscal el resultado del proceso de mediación, los acuerdos y el grado de cumplimiento; o los motivos por los cuales no se haya podido llevar a cabo a efectos de lo dispuesto en el 19.4 y 5 de la LORPM; es decir, para que tenga criterios de decisión acerca de dar por concluida la instrucción y solicitar al Juez el archivo de las actuaciones; o acerca de continuar el expediente si el menor no cumpliera la reparación o la actividad educativa acordada.

2. Mediación postsentencial:

Se trata de una conciliación entre el victimario menor de edad de una infracción por la cual está cumpliendo una medida judicial (que puede ser el internamiento) y la víctima de su infracción. En este caso, donde ha tenido lugar un proceso judicial con resultado de sentencia condenatoria para el menor, la consecuencia jurídica para éste puede ser la finalización de la medida, si el acto de conciliación unido al tiempo de cumplimiento pasado supone suficiente reproche para el menor a criterio del juez (art. 51.3 LORPM). El proceso de mediación es similar al presentencial (es decir contacto por separado con ambas partes antes de llegar al encuentro), si bien el encargado de la misma es el representante de la entidad pública o privada que está realizando la ejecución de la medida, quien tomará la iniciativa. Informará al Ministerio Fiscal y a la jueza/juez de menores de la idoneidad de la solución extrajudicial con respecto a ese menor. Para ello, se explicita la voluntad del menor de conciliarse con la víctima o de repararla por el daño causado. Si se da curso a la mediación, el representante de la entidad se entrevistará con las partes por separado para posteriormente realizar el encuentro en el que se concretarán los compromisos de reparación. Finalizado el proceso, la entidad pública remitirá un informe al Juez de Menores y al Ministerio Fiscal sobre los compromisos adquiridos y sobre el grado de cumplimiento de los mismos, con el objeto de que sea tenido en cuenta para la propuesta del Ministerio Fiscal o de la letrada/o del menor de dejar sin efecto la medida. El equipo técnico será oído. Este proceso no podrá suponer una alteración del régimen de cumplimiento de la medida, pero sí que el juez puede autorizar salidas al menor infractor que se halle en internamiento para realizar la conciliación.

Conceptos relacionados

Comunidad, conflicto, delito, encuentro reparador, equipo técnico, justicia restaurativa, mediación entre víctima y persona ofensora, perdón, reparación, resiliencia, responsabilidad, técnicas de mediación, trabajos en beneficio de la comunidad, víctima, victimización.

Normativa

Ley 1/1998, de 20 de abril, de los derechos y la atención al menor (art. 44). Ley Orgánica 5/2000, de 12 de enero, reguladora de la responsabilidad penal de los menores (arts. 19, 27, 51.3).

Real Decreto 1774/2004, de 30 de julio, por el que se aprueba el Reglamento de la Ley Orgánica 5/2000, de 12 de enero, reguladora de la responsabilidad penal de los menores (arts. 5, 15).

Selección bibliográfica

Álvarez Ramos, F. 2008. Mediación penal juvenil y otras soluciones extrajudiciales. En *International e-journal of criminal sciences*, n° 2.

Martín, J. y Dapena, J. 1998. La mediación penal juvenil en Cataluña, España. Disponible en: https://cutt.ly/cxOYUYB.

MEDIACIÓN PENITENCIARIA

La mediación penitenciaria consiste en ofrecer a las personas privadas de libertad la posibilidad de resolver sus diferencias de manera dialogada con responsabilidad e implicación personal. Se refiere a conflictos dentro de la misma prisión en los que se ven involucradas personas internas, que encuentran como respuesta institucional la aplicación del régimen disciplinario a través de un sistema reglado de iniciación de un expediente disciplinario, instrucción del mismo y finalmente de sanción. Esta forma de afrontar los problemas es necesaria, pero genera consecuencias, con cierta frecuencia, nada favorables para una resolución eficaz del conflicto: privación o limitación de derechos; aislamiento; regresiones a primer grado; traslados de centro penitenciario; y restricción o suspensión de los permisos de salida y/o del acceso al régimen abierto. La mediación penitenciaria ofrece una alternativa a este régimen disciplinario que neutraliza temporalmente el conflicto pero no afronta el origen del mismo. Tiene importantes diferencias con la mediación penal y con otras prácticas restaurativas: no existen roles marcados y adjudicados y no existe una relación asimétrica entre las partes (pues se da un igual posicionamiento moral). Se viene desarrollando en los centros penitenciarios españoles desde 2007, a raíz de las experiencias llevadas a cabo en 2005 en los centros penitenciarios de Madrid III (Valdemoro), Alhaurín de la Torre (Málaga), Nanclares (Vitoria) y Zuera (Zaragoza), realizadas por asociaciones de personas voluntarias especializadas en mediación y que mostraron su viabilidad y las consecuencias positivas que generan este tipo de prácticas mejorando las habilidades sociales de las personas internas y rebajando la tensión. En 2007 se implantó en 12 centros con la participación de alrededor de 169 personas internas. En 2015 se llevó a cabo en 20 centros de los 84 existentes y han participado 5.495 personas internas. La Secretaría General de Instituciones Penitenciarias ha articulado la mediación penitenciara a través de un programa específico de intervención denominado "Programa de resolución dialogada de conflictos". El programa está orientado a la prevención de conflictos en el centro, utilizando habilidades de resolución de conflictos (prevención) y en caso de surgir éste intentando solucionarlo con la ayuda de una persona mediadora. El programa consiste en la instauración de un servicio permanente que actúa cuando tiene conocimiento de la existencia de un conflicto entre personas internas. La intervención es realizada tanto por profesionales penitenciarios como por personas mediadoras profesionales que colaboran con la institución a través de convenios de colaboración con asociaciones de mediación. La normativa penitenciaria no ofrece cobertura específica y explícita al proceso de la mediación penitenciaria, pero ello no impide su aplicación siempre que se respeten las normas procedimentales del régimen disciplinario. En este sentido, la finalización con acuerdo de la mediación penitenciaria puede conllevar la suspensión de la sanción de aislamiento o si la sanción es de otra naturaleza, su reducción e incluso reconducirla a una simple amonestación. Los conflictos entre personas internas más tratados en la práctica de la mediación penitenciaria son: insultos, robos, agresiones, conflictos por deudas y préstamos de dinero u objetos, conflictos para conseguir beneficios o poder en el grupo, conflictos por racismo, conflictos por motivos médicos y "trapicheo" de drogas.

Fases de la mediación penitenciaria:

1. Iniciación:

Llegada del expediente de mediación que recoge una información mínima de las personas enfrentadas, como la ubicación dentro del centro y fecha del conflicto. La forma de acceder a este proceso es a través de instancias que las propias personas internas presentan a la Dirección del centro penitenciario, en la que solicitan entrevistarse con la persona mediadora; o también a través del listado de incompatibilidades[6] que se facilita a la persona mediadora; o cuando el expediente sancionador está ya iniciado y cuenta con la aprobación de la comisión disciplinaria, el instructor lo traslada a la persona mediadora.

2. Acogida:

Fase individual que se repite con cada una de las personas implicadas, en la que se establece el primer contacto con cada una de las partes del conflicto.

- Explicación inicial: se les informa sobre qué es y las ventajas que ofrece la mediación, sus principios y objetivos y también el papel de la persona mediadora desde sus claves de trabajo: neutralidad, imparcialidad, confidencialidad, independencia del centro penitenciario y carencia de potestad disciplinaria.

- Indagación de lo sucedido: se determinan las causas del conflicto y se recopilan datos acerca de la naturaleza del mismo sobre la base de los puntos de vista que las partes tienen de lo sucedido.

- Aceptación y compromiso: se trabajan aspectos que tienen que ver con la asunción de responsabilidad, el ajuste de expectativas acerca del posible resultado del proceso y el compromiso expreso de no agresión mutua en el espacio de mediación. Se confirma la predisposición positiva de la persona interna y firma el Acta de acep-

---

[6]   Listado facilitado por la Subdirección de Régimen en la que constan las personas internas que han tenido algún tipo de conflicto entre ellas para que no coincidan en el mismo espacio.

tación y compromiso en el que se recoge la voluntad expresa de participar en la mediación desde la actitud pacífica y abierta. La persona mediadora puede paralizar el proceso si percibe fragilidad en el compromiso.

3. Encuentro dialogado:

- Diálogo: es el encuentro conjunto entre las personas implicadas en el conflicto. Se hacen preguntas, se dan respuestas, se expresa la vivencia del conflicto y se llega a procesos emocionales. Se trata que ambas partes lleguen a una definición compartida del problema, ya que una vez definido el problema de una forma satisfactoria para ambas partes, las posturas comenzarán a hacerse más flexibles, se desactivará el clima emocional y se pasará de las posiciones a los intereses. La persona mediadora trabaja desde el principio de mínima intervención, solo participará redirigiendo y alentado el diálogo.

- Acuerdo: la persona mediadora redactará el acuerdo al que lleguen las partes que se recogerá en el Acta de acuerdo. El Acta de acuerdo se entregará en el centro penitenciario y a las propias personas internas. No obstante, la mediación también puede finalizar con los siguientes resultados: acuerdo positivo sin firma (pacificación de las relaciones y reducción de la ansiedad de las personas internas y supone el fin de la mediación de manera informal ya que no cumple con todos de los objetivos de la misma); rechazo del proceso por una de las partes; interrupción del proceso (por circunstancias ajenas a la persona mediadora y a las personas internas); o fin sin acuerdo.

4. Seguimiento

Encuentro informal con cada uno de los participantes unos días después del encuentro. Se indaga en sus conclusiones sobre la mediación y el posible cambio que haya supuesto en su situación regimental. Tras lo cual se hace entrega de un Certificado de Participación en la Mediación y de una copia del Acta de reconciliación que recoge los acuerdos que ambas partes firmaron, documentos que en algún momento les pueden ser de ayuda. A continuación, se procede a cerrar definitivamente el proceso, informando posteriormente del seguimiento realizado a la comisión disciplinaria.

Conceptos relacionados
Conflicto, encuentro reparador, persona facilitadora, reconciliación, técnicas de mediación.

Selección bibliográfica
Lozano Martín, A. M., Nistal Burón, J. y Jiménez Bautista, F. 2020. Conflictos y mediación en las cárceles madrileñas. En *Revista de Mediación*, 13 (1), e2. Lozano Martín, A. M. 2015. La mediación como proceso de gestión y resolución de conflictos. En Orozco Pardo, G. y Monereo Pérez, J. L. (Dir.). *Tratado de mediación en la resolución de conflictos*. Madrid: Tecnos.
Tascón, J. 2015. La mediación en el ámbito penitenciario. Penas privativas de libertad y mediación penitenciaria. En Orozco Pardo, G. y Monereo Pérez, J. L. (dirs.). *Tratado de mediación en la resolución de conflictos*. Madrid: Tecnos.

MEDIACIÓN POLICIAL

Proceso que pretende que las personas involucradas en un conflicto sean capaces de responsabilizarse de sus actos y de las consecuencias de los mismos de forma integral, restaurando el daño interpersonal, a través de una persona mediadora que en este caso es policía. En este contexto el policía debe abandonar el ejercicio de la autoridad como instrumento para resolver los problemas sociales. Su labor basada en los principios de imparcialidad y neutralidad, debe orientarse a implementar en el proceso estrategias que permitan afrontar el conflicto sin violencia, con diálogo y de forma cooperativa.

Superada la visión decimonónica de la policía como instrumento arbitrario y dependiente del poder político, se iniciará un proceso de configuración de las organizaciones policiales, tal y como hoy son concebidas, basado en la progresiva profesionalización, así como en la mejora de la legitimidad social e imagen pública. Esta transformación, surgirá para dar respuesta al alejamiento que la policía había mantenido respecto de la comunidad a través de tres estrategias organizativas: el mantenimiento del orden, la policía comunitaria o de proximidad y la de una policía orientada a la resolución de los problemas. Se democratizan y flexibilizan las estructuras policiales e implican un cambio relacional entre institución y comunidad, centrando su atención en la actividad preventiva y la creatividad para satisfacer las demandas sociales. Es en este contexto donde se ubica la mediación policial. No es posible hallar una norma que aluda de forma directa a la mediación policial pero si puede

sustentarse en relación con la policía local en: el art. 53.1.i)
de la Ley Orgánica 2/1986, de 13 de marzo, de Fuerzas y
Cuerpos de Seguridad (en adelante LFCS), que establece
la obligación de la policía de cooperar en la resolución de
los conflictos privados cuando sean requeridos para ello;
en la Ley 5/2012, de 6 de julio, de Mediación en Asuntos
Civiles y Mercantiles (en adelante LMACM); y en la Ley
7/1985, de 2 de abril, Reguladora de las Bases del Régimen
Local que establece que las Corporaciones Locales podrán
intervenir la actividad de los ciudadanos a través de las Or-
denanzas y Bandos, porque el municipio, para la gestión de
sus intereses y en el ámbito de sus competencias, puede promover toda clase de actividades y prestar cuantos servicios
públicos contribuyan a satisfacer las necesidades y aspiracio-
nes de la comunidad vecinal (art. 25). Se ha implantado en
la policía local de algunas Comunidades Autónomas como
por ejemplo en la Policía Local de Valencia, cuyo servicio
de mediación comenzó en enero de 2009 en el Distrito
Policial de "Marítimo" como proyecto piloto, gracias al
Proyecto Europeo Safeland[7] y se implantó al resto de uni-
dades de distrito, debido a sus buenos resultados, en enero
de 2010. En cuanto a los asuntos mediables, el art. 2.1.2º
de la LMACM excluye en todo caso la mediación penal,
la mediación con las administraciones públicas, la mediación laboral y la mediación en materia de consumo. Así

---

[7]   Proyecto europeo seleccionado por el Programa de Prevención y
Lucha contra el Crimen de la Comisión Europea para el análisis y
mejora de la seguridad en barrios y colegios en Europa.

pues, el ámbito en el que se desarrolla la mediación policial es absolutamente privado, concordando con lo dispuesto en el citado art. 53.1.i) de la LFCS. Se abordan problemas de convivencia que por proximidad al entorno familiar y escolar generan alarma social, concretamente la tipología de conflictos atendidas son: problemas de convivencia vecinales; molestias por ruidos (vecinos, zonas de ocio, etc.); malos olores; molestias por obras; molestias por animales/mascotas; problemas de salubridad e higiene; y problemas por el uso del espacio público (parques, plazas, etc.). La duración máxima desde que se inicia el proceso de mediación es de dos meses, pudiéndose ampliar otros cuarenta y cinco días a juicio del servicio de mediación si entiende que se dan las causas para llegar a un acuerdo.

Fases de la mediación policial:

1. Iniciación:
   - Entrada: se iniciará de común acuerdo por las partes, presentando la correspondiente solicitud al servicio de mediación de la policía local. También podrá iniciarse por derivación, cuando la policía ha intervenido en un conflicto y lo traslada al citado servicio.
   - Valoración: el servicio de mediación analizará si el conflicto es mediable o no atendiendo a su tipología. En caso de que no lo fuera se derivará al servicio correspondiente informando a las partes de los trámites a seguir.

2. Información:
   Se entrevistará a cada una de las partes por separado, se les informará sobre el proceso de mediación, qué

es, sus principios, el rol de la persona mediadora y sobre las ventajas y consecuencias de llevarlo a cabo. Así mismo, la persona mediadora indagará sobre los antecedentes y situación actual del conflicto. Se rellenará una ficha de apertura de mediación.

3. Encuentro:

- Sesión conjunta: se formalizará el Acta de la sesión constitutiva, donde debe constar: identificación de las partes; designación de la persona mediadora; objeto del conflicto; programa de actuaciones al respecto y duración máxima prevista; declaración de aceptación voluntaria por las partes de la mediación y de que asumen las obligaciones de ella derivadas; y lugar de la celebración. La/el policía mediadora/or intervendrá solo para ayudar, proponer, hacer preguntas... Les acompaña y guía en el proceso para llegar a un acuerdo.

- Acuerdo: si se soluciona el conflicto con un acuerdo entre las partes, se da por finalizada la ficha operativa y nota servicio y se documenta todo en el Acta de reparación. En caso contrario se les indica las partes cual es el procedimiento legalmente establecido a seguir.

4. Seguimiento:

La policía comprobará si se ha cumplido o viene cumpliendo el acuerdo a los 15 días tras la finalización de la mediación y posteriormente realizará una segunda visita a los 45 días de la primera.

Conceptos relacionados
Alternative Dispute Resolutions (ADR), comunidad, conflicto, justicia de paz, mediación comunitaria, persona facilitadora.

Normativa
Ley Orgánica 2/1986, de 13 de marzo, de Fuerzas y Cuerpos de Seguridad (art. 53.1.i).
Ley 5/2012, de 6 de julio, de Mediación en Asuntos Civiles y Mercantiles. Ley 7/1985, de 2 de abril, Reguladora de las Bases del Régimen Local (art. 25).

Selección bibliográfica
Berlanga, A. 2016. La mediación policial. En Cervelló Donderis, V. (Dir.) *Cuestiones prácticas para la aplicación de la mediación penal.* Valencia: Tirant lo Blanch.
Cobler Martínez, E., Gallardo Campos, R. A. y Pérez Montiel, J. 2014. *Mediación policial. Teoría para la gestión del conflicto.* Madrid: Dykinson.
Gallardo Campos, R. A. y Hierro Batalla, A. 2016. *Mediación policial: la reflexión sobre la reflexión.* Castellón: Universitat Jaume I.

MINIMALISMO PENAL

El minimalismo es una corriente atenuada del abolicionismo que propone no la desaparición del Derecho Penal sino una contracción del mismo, que solo autorice la intervención cuando sea imprescindible para que la violencia informal no desestabilice el orden social. Esta tendencia sugiere la elaboración de una política criminal alternativa que incluye la reducción a corto plazo del Derecho Penal a partir de la descriminalización, las reformas sociales estructurales y la abolición de la cárcel. Christie, defensor de esta postura, afirma que: 1°) si creemos en los valores de la bondad y el perdón, entonces debemos mantener una institución penal pequeña; 2°) si creemos en el valor de mantener a nuestras sociedades civiles como civiles, entonces debemos mantener una institución penal pequeña; y 3°) si creemos en el valor de vivir en sociedades cohesionadas e integradas, entonces debemos retardar el crecimiento de la institución penal.

Conceptos relacionados
Abolicionismo, control social, criminología crítica, culpabilidad, delito, Derecho Penal del enemigo, Derecho Penal mínimo, estigmatización, formas sustitutivas de ejecución penal.

Selección bibliográfica
Christie, N. 2004. *Una sensata cantidad de delito*. Buenos Aires: Editores del Puerto.
–   2013. La definición del comportamiento violento. En *Delito y sociedad: Revista de Ciencias Sociales*, n° 36. Disponible en: https://cutt.ly/DzyqR2R.

MODELOS TEÓRICO-METODOLÓGICOS DE MEDIACIÓN

Existen tres sistemas considerados básicos en el ámbito de la mediación, que pueden adaptarse a las diferentes necesidades del contexto penal, ya sea mediación penal intrajudicial, mediación penal juvenil, mediación penitenciaria o mediación policial. Son: el modelo Harvard, el transformador y el circular-narrativo. No hay criterio para escoger un modelo de forma preeminente sobre los demás, es más en muchos casos se utilizan en un mismo proceso elementos de los tres sistemas. Todo queda a juicio de la persona mediadora y de las necesidades específicas de la mediación.

1. Modelo Harvard

También conocido como modelo tradicional lineal. Es un método derivado de procesos de negociación, basado en criterios objetivos donde han de reconciliarse los intereses y no las posiciones. Es eminentemente técnico y defiende la eficacia de separar las personas de los conflictos. Si bien la relación entre las partes no ha de ser el interés central para la persona mediadora, este sistema considera que inicialmente el proceso ha de favorecer que se "airee el conflicto" pero sin centrarse en las posiciones. El objetivo central es lograr acuerdos a partir de la satisfacción mutua de intereses, destacando los aspectos comunes, señalando los particulares y reduciendo las diferencias. Destaca la importancia de la comunicación, que se considera de carácter lineal (uno se comunica y el otro escucha). Los autores más representativos son Fisher, Ury y Patton, Desde el prisma de la mediación penal, para las víctimas, este modelo da soluciones directas y más o menos rápidas, además de que otros métodos más complejos pueden desencadenar victimización secundaria o control relacional del victimario sobre la víctima. Pero como desventaja, le quita a la víctima abordar la mediación a nivel relacional para obtener explicaciones o argumentos que trascienden un acuerdo. En cuanto a la persona ofensora, este sistema no favorece la autogestión de la responsabilidad y la prevención de la reincidencia.

2. Modelo transformativo

Inspirado en el constructivismo social, este modelo se centra en lo relacional, ya que el conflicto no se elimina, se transforma, es una oportunidad de crecimiento personal. Como autores más representativos se encuentran Folger y Bush. El objetivo no es la consecución de un acuerdo sino la transformación de las relaciones a través del crecimiento moral. Se busca cambiar a las personas, no las situaciones. Al crecimiento moral se llega alcanzando dos dimensiones: el empoderamiento del yo y el reconocimiento del otro. El empoderamiento o fortalecimiento del yo se logra cuando las partes toman conciencia de su propia valía personal y de su propia capacidad para afrontar las dificultades, sean cuales fueren sus restricciones internas, para poder responsabilizarse de sus acciones y así asumir que tienen la capacidad de modificar la relación. El reconocimiento del otro supone superar los límites del yo para relacionarse con otros, superar la concentración en uno mismo. En el conflicto, la parte se siente atacada y con el reconocimiento se logra empatía, reconocer al otro como legítimo, de tal forma que se reinterpreta la conducta del otro y se flexibiliza el propio punto de vista para sumar la perspectiva del otro.

Tabla 6. Empoderamiento del yo

Empoderamiento por referencia a las metas	· Comprensión de lo qué le importa y por qué. · Comprensión de sus metas y que merecen consideración.
Empoderamiento de las alternativas	· Concienciación de las alternativas que pueden garantizar sus metas. · Comprende que puede elegir.
Empoderamiento de las habilidades	· Aumenta habilidades de resolución de conflictos. · Aprende a escuchar, comunicar, organizar, evaluar alternativas y practicarlas.
Empoderamiento de los recursos	· Concienciación de los recursos que ya posee. · Redistribución y optimización de sus propios argumentos.
Empoderamiento con respecto a la decisión	· Delibera y adopta decisiones por sí misma. · Evalúa las cualidades y las debilidades de sus propios argumentos.

Fuente. Elaboración propia a partir de Bush y Folger, 1994.

Tabla 7. Reconocimiento del otro

Deseo de otorgar reconocimiento	· Deseo real de comprender la situación del otro. · Deseo de concentrar su atención en lo que el otro siente.
Otorgar reconocimiento en el pensamiento	· En el plano del pensamiento. · En la comunicación verbal. · En la acción.
Otorgar reconocimiento verbal	· Admite que cambió la interpretación del otro. · Lo admite ante la persona mediadora con cierta disculpa.
Otorgar reconocimiento en actos	· Decide tener una solución satisfactoria para ambos

Fuente. Elaboración propia a partir de Bush y Folger, 1994.

Este modelo desde la perspectiva de la mediación penal permite un acercamiento entre las partes y focalizar las verdaderas necesidades de ambas. En la víctima se produce una comunicación más eficiente de sus emociones y una neutralización de la propia culpabilización. En la persona agresora provoca un conocimiento de la envergadura del daño causado generando arrepentimento y empatía.

3. Modelo circular narrativo:

Este modelo se inspira en las teorías constructivistas y postmodernas y en la teoría de la causalidad circular. La comunicación es entendida en su globalidad, es el concepto más importante, de forma que comprende las personas y los mensajes que se transmiten, incluyendo la comunicación verbal y no verbal aunque se puedan manifestar bajo la forma de choque de posturas. Cada una de las partes narra su visión del conflicto y se pueden incrementar sus discrepancias, la persona mediadora ha de fomentar la reflexión y conseguir la colaboración para elaborar una narración alternativa y clarificadora que permita ver el conflicto desde otro punto de vista y orientar la búsqueda de soluciones y del acuerdo sin que éstos sean los objetivos más significativos. Sus máximas representantes son Sara Cobb y Mariné Suares. Este modelo, desde el prisma de la mediación penal, supone un avance en el anclamiento de construcciones negativas que dificultan el avance del sujeto, ahora bien, puede resultar perjudicial sino se utiliza en el momento adecuado o se gestiona óptimamente.

Conceptos relacionados
Asertividad, empatía, encuentro reparador, itinerario restaurativo, mediación entre víctima y persona ofensora, persona facilitadora, persona ofensora, proceso restaurativo, reconocimiento mutuo, responsabilidad, técnicas de mediación, víctima.

Selección bibliográfica
Bush, R. A. B. y Folger, J. P. 1994. *The promise of mediation: Responding to conflict through revalorización and re-cognition*. San Francisco: Jossey-Bass Publishers.
Casonavas, P., Magre, J. y Lauroba M. E. 2011. *Libro Blanco de la Mediación en Cataluña*. Barcelona: Generalitat de Catalunya.
Fisher, R., Ury, W. y Patton, M. 1991. *Si de acuerdo. Cómo negociar sin ceder*, 5ª ed. Bogotá: Norma.
Suares, M. 2008. El modelo circular-narrativo en mediación familiar. En *Proyecto Hombre: Revista de la Asociación Proyecto Hombre*, nº 66.

N

NARRATIVA

En una mediación cada una de las partes cuenta su historia, los hechos tal y como los ha vivido y percibido, a esta historia se le denomina, en el ámbito de la mediación, narrativa y consta de los siguientes elementos:

1. Personajes: en su narrativa, la persona posiciona a la otra parte del conflicto, así como ella misma asume un rol y una forma de actuar. Así pues, se distinguen tres elementos:

a. Posición, cómo cataloga la persona narradora a la otra parte, ya sea de forma positiva o negativa.

b. Rol que asume la persona narradora dentro de su narrativa, ya sea víctima o victimario.

c. Acción, cómo actúa la persona narradora dentro de su narrativa, ya sea como protagonista (toma decisiones y se hace responsable de las mismas) o de forma pasiva (acepta las cosas como le vienen)

2. Trama: son los hechos contados por la persona narradora y consta de dos elementos:

a. Secuencia: sucesión de hechos que guardan relación y puede contarlos de forma:

- Temporal: organiza los hechos temporalmente: "antes pasó esto y después pasó lo otro".

- Causal: organiza los hechos a través de la causalidad: "porque pasó esto después pasó esto otro"

b. Significación: es el significado que se tienen los hechos para la persona narradora. Un hecho puede ser que el niño se fue de casa, y la significación es que quiere llamar la atención de su madre y padre ya que trabajan mucho y no le hacen caso. Una narrativa puede haber sido narrada muchas veces, pero a lo mejor la otra parte la ha oído, pero no escuchado, es decir ha recibido el mensaje de los hechos, pero no le ha otorgado el significado que la persona narradora le da. Es la persona mediadora la que tiene que facilitar la escucha de una parte a otra y viceversa.

La narrativa no se suele contar de forma ordenada, por lo que la persona mediadora debe tratar de establecer en una línea de tiempo cual fue la secuencia de los hechos y también la causalidad que tuvieron. Y lo más importante, debe extraer, el panorama de significación de esos hechos.

3. Tema: es el transfondo del conflicto, no debe confundirse con la significación. En el ejemplo del niño que se va de casa, la significación para el niño es que quiere llamar la atención de su madre y padre; y el tema sería la situación en la que se encuentra el niño, cuya madre y padre tienen el deber legal y moral de cuidarlo. La parte narradora cuenta unos hechos (trama) y la persona mediadora debe extraer la significación de esos hechos desde la perspectiva de la parte narradora. Pero también debe extraer el tema, pero de forma objetiva, no desde la perspectiva de la parte narradora, sino lo que le parece a la persona mediadora el punto o puntos clave.

4. Argumentos discursivos: la narrativa se ancla y se hace más valiosa cuando se basa en argumentos discursivos, que pueden tener como premisa:

   a. Principios: normas o ideas fundamentales que rigen el pensamiento o la conducta. Cuando una narrativa está anclada en un principio como el derecho a la libertad, el derecho a la vida, el derecho a la libertad de expresión, etc. es muy difícil, casi imposible de tratar el conflicto a través de la mediación.

b. Valores: cualidades positivas que inducen el comportamiento de una persona. Cuando la narrativa se ancla en valores, sí que puede tratarse el conflicto ya que los valores si pueden ser revisados

c. Leyes o sentencias: la narrativa se basa en el cumplimiento por ejemplo del acuerdo de divorcio. Tratar un conflicto basado en el cumplimiento de una ley o sentencia dependerá de la flexibilidad que tengan las partes en el cumplimiento de la misma, es decir, dependerá si la ley o sentencia deja margen para la negociación.

d. Creencias: conformidad con una línea de pensamiento, ya sea doctrina o religión. Al igual que los valores pueden ser revisadas.

5. Contexto: no pertenece a la narrativa, pero influye en la misma, se corresponde con el imaginario social y cultural donde la parte narradora se integra.

Conceptos relacionados
Conflicto, empatía, mediación entre víctima y persona ofensora, modelos teóricos-metodológicos de mediación, persona facilitadora, persona ofensora, técnicas de mediación, víctima.

Selección bibliográfica
Cobb, S. 1997. Una perspectiva narrativa de la mediación: hacia la materialización de la metáfora del "narrador de historias". En Jones, T. S. y Folger, J. P. (coord.). *Nuevas direcciones en mediación: investigación y perspectivas comunicacionales*. Buenos Aires: Paidós.
Suares, M. 1996. *Mediación, conducción de disputas, comunicación y técnicas*. Buenos Aires: Paidós.
– 2013. *El espejo de los mediadores*. Buenos Aires: Paidós.

O

OFICINA DE ASISTENCIA A LAS VÍCTIMAS DEL DELITO

Las Oficinas de Asistencia a las Víctimas se configuran como un servicio multidisciplinar de atención a las necesidades de la víctima, de carácter público y gratuito, integradas en el Ministerio de Justicia que determinará su regulación, organización, dirección y control en atención a las disposiciones contenidas sobre la misma en el EV y e en el Real Decreto 1109/2015, de 11 de diciembre, por el que se desarrolla la Ley 4/2015, de 27 de abril, del Estatuto de la víctima del delito, y se regulan las Oficinas de Asistencia a las Víctimas del Delito. Tienen como objetivo general prestar una asistencia integral, coordinada y especializada a las víctimas como consecuencia del delito y dar respuesta a las necesidades específicas en el ámbito jurídico, psicológico y social. La organización y funcionamiento de las Oficinas de Asistencia a las Víctimas del Delito quedan recogidos en el Título IV, Capítulo I del EV. El art. 28 establece que prestarán una asistencia que incluirá como mínimo:

- Información general sobre los derechos de las víctimas y, en particular, sobre la posibilidad de acceder a un sistema público de indemnización.
- Información sobre los servicios especializados disponibles que puedan prestar asistencia a la víctima, a la

vista de sus circunstancias personales y la naturaleza del delito de que pueda haber sido objeto.

- Apoyo emocional a la víctima.
- Asesoramiento sobre los derechos económicos relacionados con el proceso, en particular, el procedimiento para reclamar la indemnización de los daños y perjuicios sufridos y el derecho a acceder a la justicia gratuita.
- Asesoramiento sobre el riesgo y la forma de prevenir la victimización secundaria o reiterada, o la intimidación o represalias.
- Coordinación de los diferentes órganos, instituciones y entidades competentes para la prestación de servicios de apoyo a la víctima.
- Coordinación con jueces, tribunales y Ministerio Fiscal para la prestación de los servicios de apoyo a las víctimas.

Las Oficinas de Asistencia a las Víctimas del Delito realizarán una valoración de las circunstancias particulares de la víctima con la finalidad de determinar qué medidas de asistencia y apoyo deben ser prestadas a la misma, entre las que se podrán incluir: la prestación de apoyo o asistencia psicológica; el acompañamiento a juicio; la información sobre los recursos psicosociales y asistenciales disponibles y, si la víctima lo solicita, derivación a los mismos; las medidas especiales de apoyo que puedan resultar necesarias cuando se trate de una víctima con necesidades especiales de protección; y la derivación a servicios de apoyo especializados. El acceso a los servicios de apoyo a las víctimas no se condicionará a la presentación previa de una denuncia. Los familiares de la víctima podrán acceder a los servicios de apoyo a las víctimas, conforme a lo que se disponga reglamentariamente, cuando se trate de delitos que hayan causado perjuicios de especial gravedad. Así mismo, las Oficinas prestarán, en los términos que reglamentariamente se determine, apoyo a los servicios de justicia restaurativa y demás procedimientos de solución extraprocesal que legalmente se establezcan, concretamente: deberá informar a la víctima de las diferentes medidas de justicia restaurativa existentes en su caso; propondrá al órgano judicial la aplicación de la mediación penal cuando lo considere beneficioso para la víctima; y realizará las actuaciones de apoyo a los servicios de mediación extrajudicial.

Conceptos relacionados
Asistencia a la víctima, daño, delito, derechos de las víctimas del delito, Estatuto de la víctima, resilencia, suceso traumático, víctima, victimización.

Normativa
Ley 4/2015, de 27 de abril, del Estatuto de la Víctima del Delito (arts. 27 a 29).
Real Decreto 1109/2015, de 11 de diciembre, por el que se desarrolla la Ley 4/2015, de 27 de abril, del Estatuto de la víctima del delito, y se regulan las Oficinas de Asistencia a las Víctimas del Delito.

P

PERDÓN

Es una cualidad que permite hacer las paces con el ayer, reponerse y perpetuarse. La noción de perdón en la tradición occidental ha sido restringida a un contexto teológico y a un ámbito religioso, concebida como una facultad divina que permite al ser humano alcanzar su salvación. Autoras como Hanna Arendt reconceptualizan el concepto de perdón que pasa a convertirse en una facultad y/o capacidad humana que se deriva de la capacidad de actuar y en cuanto tal pertenece a la esfera de los asuntos humanos. El perdón posee el mismo estatus que la acción, ambas son capacidades políticas. El perdón es una reacción a una acción que le antecede temporalmente, y en tanto reacción, no se distingue cualitativamente de la acción, sino que tiene la misma naturaleza que ésta, tienen la capacidad de insertar algo nuevo en el mundo. El perdón rehabilita la acción y hace posible la continuidad del actuar humano.

Al igual que el castigo pretende dar por finalizado "algo", que si no interviniera continuaría. Pero al contrario que éste, el perdón en la medida en que intenta remediar las consecuencias que un acto trae consigo, no solo libera del pasado (rehabilita la capacidad de actuar) sino que también hace posible la continuidad de la acción, con lo que se dirige al futuro. La liberación del pasado no debe ser entendida en modo de olvido. Es más, el perdón necesita de la memoria en cuanto pretende hacer reversible las consecuencias de ciertas acciones, deshacer y/o corregir lo que ha salido mal. El perdón no es olvido, pues para perdonar es ineludible la memoria del agravio. Si se olvida el agravio que se hizo, entonces no hay nada que perdonar. El perdón es, en realidad, la antítesis del olvido, deshacerse del rencor contribuye a deshacerse de una carga que puede resultar insoportable. La memoria sin ira, sin afanes vengativos, no abre, sino que cierra las heridas. Dentro del proceso del perdón existen dos fases: la solicitud y la concesión. El primero es indispensable y el segundo el paso para la reconciliación. Otorgar el perdón no es un acto de justicia porque nadie tiene derecho a reclamar perdón del ofendido, sino que es un acto de generosidad y con carácter unidireccional pues es la víctima quien lo concede. Es un acto de recuperación de poder y de sanación. Permite que se transforme de víctima en sobreviviente. Para la justicia restaurativa el perdón no es un necesario ni es uno de sus objetivos, pero cuando en procesos restaurativos la víctima perdona a la persona ofensora está permitiendo que la ofensa y la persona ofensora no la dominen.

Conceptos relacionados
Círculos, conferencias, cultura de paz, daño, empatía, encuentro reparador, estigmatización, itinerario restaurativo, justicia transicional, mediación entre víctima y persona ofensora, reconciliación, sanación, suceso traumático, víctima, victimización.

Selección bibliográfica

Arendt, H. 2007. *La condición humana*. Buenos Aires: Paidós.

Beristáin Ipiña, A. 2004. Las víctimas y el perdón...: hacia la superación del trauma. En Echeburúa, E. *Superar un trauma. Tratamiento de las víctimas de sucesos violentos*. Madrid: Pirámide.

Echeburúa, E. El valor psicológico del perdón en las víctimas y los ofensores. En *Eguzkilore*, n° 27. San Sebastián.

Mullet, E. 2012. Perdón y terapia. En Labrador, F. J. y Crespo, M. (Eds.), Psicología clínica basada en la evidencia. Madrid: Pirámide.

Reyes Mate, M. 2008. *El perdón, virtud política. En torno a Primo Levi*. Barcelona: Anthropos.

PERSONA FACILITADORA

Es aquella persona que guía el proceso restaurativo de forma imparcial y con el debido respeto a la dignidad de las partes. Vela para que éstas dialoguen y encuentren una solución entre sí. Cuando la práctica restaurativa se limita a la presencia de la persona ofensora y la víctima recibe el nombre de persona mediadora. Debe poseer competencias cognitivas (conocimientos sobre la teoría del conflicto, paradigmas legales y habilidades psicológicas y sociales), procedimentales (concretamente sobre gestión y realización de procesos restaurativos) y actitudinales (asociados a los valores de respeto, dignidad y empatía). Así mismo, la persona facilitadora para poder llevar a cabo su función de forma eficaz debe recibir capacitación inicial con respecto a las siguientes habilidades: crear un ambiente en que las partes sean libres y tengan interacciones seguras; poseer técnicas de comunicación incluyendo metodologías de escucha activa; manejar y ayudar a las personas a lidiar con la intensidad emocional; ayudar a las partes a decir y escuchar opiniones y sentimientos complejos; balancear los intereses/poder de las personas participantes; expresar apoyo y empatía; y poseer un buen conocimiento de las culturas y las comunidades locales. Actúa bajo los principios de neutralidad, imparcialidad y confidencialidad y debe lograr que las personas mediadas sean capaces de superar, gestionar o reelaborar situaciones álgidas de emociones, ya negativas, ya positivas, que podrían truncar la mediación o no favorecerla.

Los arts. 27 y 28 de la Guía para una mejor implementación de las recomendaciones concernientes a la mediación en materia penal de la Comisión Europea para la Eficiencia de la Justica de 2007, establecen la necesidad de que los Estados miembros elaboren un código de conducta para las personas mediadoras en el ámbito penal. En el European Forum for Victim-Offender Mediation and Restorative Justice, que se celebró en 1999 en Leuven, se recogieron los documentos más significativos en los que se puede encontrar los elementos éticos esenciales para la creación de un código deontológico específico para la mediación penal: Declaración de principios de Leuven (Bélgica) de 1997; Código para mediadores del Dispute Resolution Center of Denver, Colorado (EEUU) de 1982; The Practices Standars for Mediators and Manegement of Mediation Services de Mediation UK de 1998; Código deontológico del INAVEM francés de 1996; y Recommended Ethical Guidelines de VOMA de 1998.

Tabla 8. Reglas de conductas para persona mediadora en mediación penal

I. Respecto a las partes:
- Participación voluntaria expresada a través de un consentimiento informado.
- Protección de la parte especialmente vulnerable.
- Las necesidades y sentimientos deben ser considerados y reconocidos dentro del proceso. Así como, en sentido contrario, lo deberán ser la pérdida y el sufrimiento.
- La reparación del daño debe ser el objetivo principal.
- Presunción de inocencia.
- Poder reparar a iniciativa propia.
- La reparación deberá ser proporcional a la capacidad de reparación y al daño causado.
- La reparación deberá restablecer la dignidad de la persona perjudicada

II. Respecto a la comunidad:
- Medidas de participación tendentes a la prevención y a la pacificación social.

III. Respecto al sistema judicial:
- Siempre que sea legalmente posible deberán derivarse casos a mediación penal.
- El proceso de mediación es compatible con la rehabilitación del delincuente y no debe ser considerada como un premio para el delincuente.
- Aunque la víctima no quiera ser reparada, debería contemplarse la posibilidad de reparación del victimario a través de la comunidad.
- El contenido de los acuerdos debe ser validado por las instancias judiciales.

IV. Respecto a los servicios de mediación, los cuales deberán garantizar
- IV.a. Respecto a las partes:
- La neutralidad e imparcialidad de sus mediadores.
- La confidencialidad del proceso.
- IV.b. Respecto a las personas mediadoras:
- Formación continuada para que se formen en las técnicas necesarias para el desarrollo de sus intervenciones.
- Supervisión técnica.

Fuente. Elaboración propia a partir de EUFORUMRJ, 2000

Conceptos relacionados

Asertividad, círculos, co-mediación, conferencias, empatía, itinerario restaurativo, mediación entre víctima y persona ofensora, modelos teóricos-metodológicos de mediación, práctica restaurativa, principios de la justicia restaurativa, principios de la mediación penal, proceso restaurativo.

Bibliografía

Comisión Europea para la Eficiencia de la Justicia del Consejo de Europa. 2007. *Guía para una mejor implementación de las recomendaciones concernientes a la mediación en materia penal.* Disponible en https://cutt.ly/ Uldn2GC.
Mackay, R. E. 2000. Ética y buenas prácticas en los procesos de Justicia Restaurativa. En The European Forum for Victim-Offender Mediation and Restorative Justice (ed.). *Victim-Offender Mediation en Europe. Making Restorative Justice Work.* Leuven: Leuven University Press.
Martinez Camps, M. M. 2016. Formación y habilidades de los mediadores. En Cervelló Donderis, V. (Dir.). *Cuestiones prácticas para la aplicación de la mediación penal.* Valencia: Tirant lo Blanch.

PERSONA OFENSORA

Términos como ofensor, infractor, victimario, entre otros, son utilizados indistintamente para referirse tanto a la persona condenada por un delito como a la persona sospechosa e inculpada en un procedimiento, sin perjuicio y a salvo la presunción de inocencia. En la justicia tradicional retributiva es conocido como acusado, condenado e imputado y es el eje central del engranaje punitivo que debe asegurarse que reciba el castigo contenido en la norma penal pero no es motivado a asumir la responsabilidad de sus acciones; no se enfrenta a las técnicas o estrategias neutralizantes, esto es, a las racionalizaciones que la persona ofensora utiliza para distanciarse de la víctima a las que lastimó, ya que sufrir una pena no implica una responsabilidad activa real, solo exacerba la alienación social. En la justicia restaurativa, la persona ofensora debe asumir la responsabilidad activa de sus actos y debe manifestar arrepentimiento para que así se comprometa a la reparación de los daños psicológicos y materiales ocasionados por los mismos. La reparación puede ser material o simbólica, total o parcial. En algunos casos hay personas ofensoras que necesitan apoyo psicológico, psiquiátrico e institucional para rehabilitarse. Y en otros casos, cometen un delito como una respuesta a la victimización o un intento por liberarse de ella, que no lo absuelve ni justifica pero no se puede esperar que cese el comportamiento delictivo sino se trata ese sentimiento de victimización.

Conceptos relacionados
Control social, criminología crítica, culpabilidad, delito, justicia terapéutica, reparación, responsabilidad, vergüenza reintegradora, víctima, victimización.

Selección bibliográfica
Beristain Ipiña, A. 2000. El juez prohíbe al victimario su aproximación a las víctimas y ¿le obliga a atenderlas? (arts. 57 y 49 del Código Penal). En *Derecho Penal y Criminología*, vol. 21, n° 70.
Zehr, H. 1990. *Changing lenses. A new focus for crime and justice.* Scottdale, Pennsylvania: Herald Press.
– 2002. *The Little book of Restorative Justice.* Intercourse, Pennsylvania: Good Books.

PILARES DE LA JUSTICIA RESTAURATIVA

1. La justicia restaurativa se centra en el daño. La justicia restaurativa concibe el crimen, antes que nada, como un daño ocasionado a las personas y a las comunidades. Parte de una preocupación por las víctimas y sus necesidades.

2. Las ofensas conllevan obligaciones que para la persona ofensora significa la comprensión y asunción de una responsabilidad activa por el daño causado.

3. La justicia restaurativa promueve el compromiso o la participación El principio de la participación implica que las partes que se han visto afectadas por el crimen (víctimas, personas ofensoras, miembros de la comunidad) puedan ejercer roles importantes en el proceso judicial.

Conceptos relacionados
Comunidad, daño, directrices de la justicia restaurativa, justicia restaurativa, persona ofensora, principios de la justicia restaurativa, relación entre justicia retributiva y justicia restaurativa, responsabilidad, ventajas de la justicia restaurativa, víctima.

Selección bibliográfica
Zehr, H. 2002. *The Little book of Restorative Justice*. Intercourse, Pennsylvania: Good Books.

PLAN DE REPARACIÓN

En el acuerdo de reparación en un proceso de mediación penal debe constar:

1. Que en el presente procedimiento de mediación las partes han podido expresarse libremente, transmitiendo

a la persona mediadora sus pretensiones, sobre los hechos objeto del procedimiento, y sobre el trámite judicial seguido hasta el momento.

2. Que las partes han sido informadas de la dinámica del proceso de mediación, de los derechos que les asisten y de las consecuencias que podrían tener lugar en el supuesto de llegar a un acuerdo, como de no poder llevarse el mismo a cabo.

3. Que la intervención de la persona mediadora les ha facilitado a las partes la libre expresión de sus emociones y sentimientos con referencia a la globalidad de sus situaciones procesales y personales que, de manera particular, en cada caso han experimentado respecto de los hechos objeto del procedimiento y sobre el trámite judicial seguido hasta el momento.

4. Que la persona mediadora se ha conducido con imparcialidad, neutralidad y objetividad, y únicamente ha procurado propiciar un posible acuerdo, señalando los puntos en conflicto, y procurando acercar las distintas sensibilidades y posturas respecto de la discrepancia que les ha llevado al marco de un proceso penal, con la finalidad primordial de lograr un acuerdo reparador que satisfaga las pretensiones conjuntas de las partes.

5. Que la persona mediadora les ha facilitado la intervención con sus letradas/os, debidamente acreditados en el procedimiento de origen.

6. Reconocimiento de la persona investigada/acusada de los hechos y que asume la responsabilidad personal y penal que le pueda corresponder como consecuencia de sus acciones, lamentando los perjuicios que pudiera

haber ocasionado accediendo con ello a reparar moral y económicamente a la víctima o persona perjudicada.

7. Que en concepto de dicha responsabilidad civil derivada del procedimiento penal de origen, con renuncia expresa a cualquier otro concepto, incluido intereses y costas, las partes acuerdan expresamente la cantidad que debe ser abonada. Dicha cantidad deberá ser necesariamente abonada antes del plazo que se indique, y ello al efecto de poder apreciarse eventualmente en la sentencia de conformidad la atenuante prevista en el art. 21.5 del CP[8]. La vigencia del acuerdo queda supeditada a que se abone la cantidad dentro del término establecido y transcurrida esa fecha sin que se haya producido el abono, la acusación podrá solicitar la prosecución del procedimiento judicial.

Conceptos relacionados
Atenuante(s), mediación entre víctima y persona ofensora, mediación penal intrajudicial, persona facilitadora, principios de la justicia restaurativa, proceso restaurativo, reparación, responsabilidad, resultado restaurativo.

Normativa
Ley 10/1995, de 23 del noviembre del Código Penal (art. 21.5).

---

[8] Si se abona de forma inmediata la persona mediadora deberá disponer del justificante de ingreso para quedar unido al expediente por diligencia antes de su remisión al juzgado o tribunal de origen.

PRÁCTICAS RESTAURATIVAS

Manifestaciones de justicia restaurativa que pueden adoptar diversidad de formas, sin embargo, todos estos modelos tienen importantes elementos en común, así cada uno de ellos incluye un encuentro entre las principales partes involucradas, víctima y persona ofensora como mínimo, y tal vez otros miembros de la comunidad. Se diferencian por la cantidad y la categoría de las partes incluidas y por ciertas diferencias en sus estilos de facilitación. Se clasifican en una escala según tres grados, en función de si una determinada práctica es capaz de satisfacer las necesidades de los tres actores básicos de un proceso restaurativo: la reparación a la víctima, la responsabilidad de la persona ofensora y la reconciliación y atención de la comunidad. Así pues, se distinguen entre: plenamente restaurativa (círculos y conferencias); principalmente restaurativas (mediación); y parcialmente restaurativas (asistencia a la víctima, asistencia al ex delincuente).

Conceptos relacionados
Círculos, círculos de apoyo y responsabilidad, comunidad, conferencias, cultura de paz, empatía, encuentro reparador, impacto de los programas de justicia restaurativa, itinerario restaurativo, mediación entre víctima y persona ofensora, perdón, persona facilitadora, proceso restaurativo, programa restaurativo, reconocimiento mutuo, responsabilidad.

Selección bibliográfica
McCold, P., y Wachtel, T. 2002. Restorative justice theory validation. En Weitekamp, E. G. M. y Kerner, H. J. (eds.).

Restorative Justice: Theoretical Foundations. Devon: Willan Publishing.

UNODC. 2020. *Handbook of Restorative Justice Programmes.* Second Edition. Vienna: United Nations.

PRÁCTICAS RESTAURATIVAS COMUNITARIAS

Las prácticas restaurativas comunitarias son herramientas de prevención y resolución de conflictos no judicializados, así como de promoción de la cohesión social, que buscan generar condiciones colectivas de confianza, respeto y cuidado, de forma que los conflictos que puedan surgir se gestionen en sus estadios iniciales de forma espontánea por la comunidad. Se desarrollan fuera del procedimiento judicial y no pretenden tener efectos jurídicos vinculantes. Se pueden llevar a cabo en cualquier ámbito social, incluyendo el familiar, vecinal, escolar, sanitario, de consumo, organizacional y penitenciario. Principios: participación de la ciudadanía, tanto de voluntariado como de personas profesionales; prevención y resolución de conflictos sociales; y aumento de la cohesión social.

Ejemplos de prácticas restaurativas comunitarias:

a) Programas de mediación y otras prácticas restaurativas entre las actuaciones de apoyo a la familia, incluyendo los procesos de acogimiento y la adopción.

b) Programas de prácticas restaurativas para la prevención y gestión de conflictos en el ámbito educativo.

c) Programas de prácticas restaurativas para la reparación de incidentes de odio no judicializados.

d) Redes comunitarias de mediación en barrios y pueblos.

e) Espacios comunitarios de reflexión y resolución de conflictos, que podrán usar técnicas de participación de grandes grupos de personas como los círculos de diálogo, los foros abiertos u otras que se establezcan.

f) La adaptación de una entidad, programa o recurso al enfoque restaurativo, generando confianza, respeto y cohesión entre las personas que los formen.

Conceptos relacionados
Círculos, círculos de apoyo y responsabilidad, comunidad, conferencias, cultura de paz, empatía, encuentro reparador, impacto de los programas de justicia restaurativa, itinerario restaurativo, mediación entre víctima y persona ofensora, perdón, persona facilitadora, prácticas restaurativas, proceso restaurativo, programa restaurativo, reconocimiento mutuo, responsabilidad.

Normativa
Ley Foral 4/2023, de 9 de marzo, de Justicia restaurativa, mediación y prácticas restaurativas comunitarias.

PRECURSORES DE LA JUSTICIA RESTAURATIVA

Albert Eglash en su artículo "Creative Restitution-A Broader Meaning for an Old Term" de 1958, afirma que en la aplicación de la justicia penal, la restitución debe estar presente, sin perjuicio del castigo. La restitución se distingue de la retribución en que es un acto constructivo, creativo e ilimitado, es un comportamiento guiado y auto determinado y puede tener una base grupal. Supone un esfuerzo constructivo por parte de la persona ofensora y ante todo se dirige de forma prioritaria a reparar el daño a la víctima.

Randy Barnett en su artículo "Restitución: nuevo paradigma de justicia penal" de 1977, anuncia la superación del paradigma del castigo (paradigm of punishment) que tras novecientos años de predominio en occidente encuentra dificultades para mantener su credibilidad. El sistema de justicia penal fracasa en sus objetivos preventivos y no puede fundamentarse en una vinculación racional entre el sufrimiento provocado por la pena en el delincuente y el daño sufrido por la víctima.

Nils Christie en su artículo "Conflicts as Property" de 1977, expresa una visión crítica de la justicia penal, según la cual está produce una expropiación del conflicto de manos de sus titulares, quienes permanecen ajenos a la forma en que se resuelve un conflicto que les pertenece. Los sistemas formalizados de justicia tienen como consecuencia que el conflicto permanece socialmente invisible, sobre todo en lo que atañe a las víctimas, quienes se ven sometidas a la inclemencia del proceso penal y se les priva de la posibilidad de conocer a su agresor. Respecto a las personas ofensoras se les priva de explicar sus razones o de ser perdonadas.

Braithwaite concibe este nuevo modelo de justicia, tal y como plasma en su obra "Crime, Shame and Reintegration" de 1989, no sólo como una aportación hacia la reforma del sistema de justicia criminal, sino como un camino para transformar el sistema legal en su conjunto, el estilo de vida, la conducta en el ámbito laboral y la manera de actuar de los políticos. La justicia restaurativa propone reparar o restaurar la armonía social, recomponer los lazos humanos y sociales rotos, en vez de castigar y provocar nuevas rupturas, y aspira a superar el paradigma retributivo con un afán por mirar más hacia el futuro que hacia el pasado. Permite establecer la verdad y expresar la desaprobación del hecho, al tiempo que reconoce el valor intrínseco de las personas ofensoras como personas, al considerarles como sujetos capaces de comunicación y susceptibles de responsabilizarse y de llevar a cabo compromisos reparadores y ser reintegradas a la sociedad. Preconiza la superación del modelo de justicia tradicional que provoca estigmatización, humillación y venganza (un avergonzamiento desintegrador y nocivo) a favor de formas de intervención caracterizadas por un manejo constructivo y reintegrador de la vergüenza, propio de determinados procesos de comunidades aborígenes, y supone una gestión de la vergüenza (shame management) evitando que se transforme en rabia u otras emociones negativas y buscando su transformación en un elemento de responsabilización, reparación y reintegración.

Howard Zehr en su obra "Cambiando de lente: un nuevo enfoque para el crimen y la justicia" de 1990 fue uno de los primeros en articular una teoría de la justicia restaurativa. Propone un modelo de justicia basado en la concepción del delito como una violación de las relaciones humanas, de modo que los sentimientos de la víctima y de la persona ofensora no sean vistos como elementos periféricos, sino como el núcleo del problema. En este nuevo paradigma el foco de atención debe estar centrado en el futuro, en la idea de restauración y reparación de las relaciones sociales, en vez de la imposición de un sufrimiento.

Conceptos relacionados

Estigmatización, justicia restaurativa, pilares de la justicia restaurativa, relación entre justicia retributiva y justicia restaurativa, reparación, responsabilidad, vergüenza reintegradora.

Selección bibliográfica

Barnett, R. E. 1977. Restitution: A new Paradigm for Criminal Justice. En *87 Ethics*, 279.

Braithwaite, J. 1989. *Crime, Shame and Reintegration.* Cambridge: Cambridge University Press.

Christie, N. 1977. Conflicts as property. En *The British Journal of Criminology*, vol. 17, n° 1.

Eglash, A. 1958. Creative Restitution-A Broader Meaning for old term. En *Journal of Criminal Law and Criminology*, volumen 48, issue 6.

Zehr, H. 1990. *Changing lenses. A new focus for crime and justice.* Scottdale, Pennsylvania: Herald Press.

PRICIPIO DE OPORTUNIDAD (OPORTUNIDAD REGLADA)

El principio de oportunidad, a través de la facultad que el ordenamiento jurídico confiere al Ministerio Fiscal, se configura como la proyección práctica de criterios político-criminales basados en la falta de necesidad de pena (justicia del caso concreto, pacificación del conflicto, minimización de la doble victimización, humanización del proceso...) o en un margen de reducción de la pena ligado a la institución de la conformidad. El principio de oportunidad no se opone al principio de legalidad, sino que constituye una "oportunidad reglada", una salida a la rigurosidad del proceso, aplicable solo cuando se dan las circunstancias legalmente previstas para su operatividad. Por tanto, la oportunidad no se opone a la legalidad, es más, la primera solo es aplicable dentro de la segunda y tiene perfecto ajuste constitucional. Y es, en ese margen de flexibilidad, que otorga el Principio de oportunidad, donde se inserta la mediación penal.

El principio de oportunidad tiene manifestaciones tanto en el CP como en la LECrim y se da en cada una de las fases del proceso.

- En fase de investigación: el fiscal está obligado legalmente al ejercicio de la acción penal (art 105 LECrim), sin embargo, existen excepciones como en los delitos de agresiones, acoso y abuso sexual (art 191.1 CP); supuestos de sobreseimiento a instancias del fiscal por razones de oportunidad en los delitos leves (art 963 LECrim), atendiendo a la escasa gravedad del hecho y circunstancias del autor; delitos leves que requieren para su persecución denuncia de la persona agraviada (lesiones (art 147.2 del CP), coacciones (art 172.3 del CP), amenazas (art 171.7 del CP)).

- En fase de acusación y enjuiciamiento; posibilidad de no acusar por el fiscal (art 171.3 CP) en los supuestos previstos en el mismo; el suplicatorio para proceder contra un Diputado o Senador (art 71.2

de la CE); el perdón del ofendido (art 215.3 CP) en los supuestos de delito privado; el perdón del ofendido en los delitos semipúblicos, salvo cuando afecte a menores (descubrimiento y revelación de secretos (art. 201.3 CP), daños causados por imprudencia grave de cuantía superior a 80 mil Euros (art. 267.3 CP)); la conformidad (art 655, art 694 y 700 LECrim, art 50 LO 5/1995 del Jurado, y proceso por aceptación de Decreto art 803 bis.a a 803 bis.j LECrim); la excusa legal absolutoria en los casos de regularización voluntaria por delito fiscal (art. 305.4 CP); y la aplicación de la atenuante cualificada por reconocimiento de los hechos y pago de la deuda tributaria en los dos meses siguientes a la citación del investigado (art. 305.6 CP)

- En fase de ejecución de la sentencia; el indulto (art 130.1.4 LECrim); el perdón del ofendido (art 130.1.5 LECrim) en los delitos leves perseguibles a instancia de la persona agraviada o cuando exista previsión legal; suspensión de la pena (art 80 a 87 del CP); sustitución de la pena (art 89 del CP); remisión de la pena (art 87 del CP); sustitución de la pena de prisión y privación del permiso de conducir en el proceso por aceptación de Decreto (art 803 bis.a) a 803 bis.j LECrim).

Conceptos relacionados

Atenuante(s), conformidad, proceso debido (derecho a un), culpabilidad, delito, garantías procesales de la mediación penal intrajudicial, tutela judicial efectiva.

Normativa
Real Decreto de 14 de septiembre de 1882 por el que se aprueba la Ley de Enjuiciamiento Criminal (arts. 105,130.1.4, 130.1.5 655, 694, 700,803 bis a), 803 bis j), 963).
Constitución Española (art. 71.2).
Ley 10/1995, de 23 de noviembre del Código Penal (arts 80 a 87, 89,147.2, 171.3, 171.7, 172.3, 191.1,201.3, 215.3, 304, 305.6).
Ley Orgánica 5/1995, de 22 de mayo, del Tribunal del Jurado (art. 50).

Referencias bibliográficas
Gimeno Sendra, V. 2021. La mediación penal y el principio de oportunidad. *Revista Digital de Ciencias Penales de Costa Rica*, 1 (32) (13).
López Marchena, M. A., Rosso Pérez, M. E., Fortuny Cendra, M. et al. 2021. Legalidad y oportunidad: presente y futuro del proceso penal. En *Diario La Ley,* nº 9869, de 11 de junio.

PRINCIPIOS BÁSICOS DE LA JUSTICIA RESTAURATIVA

1. El crimen, en primera instancia, lesiona las relaciones humanas, en segunda medida es una violación de la ley. Cuando sucede un delito quienes salen lesionadas son las personas.

2. La justicia restaurativa reconoce que el crimen está mal, pero también reconoce, que cuando ocurre se plantean peligros y oportunidades. Los peligros son los de escalada del conflicto, como nuevos brotes de violencia y las oportunidades están en la opción de encarar el caso

con un sentido de transformación del delito puntual y de todo lo que está a su base.

3. En un delito hay victimas primarias y secundarias. Tendemos a pensar como víctimas solamente en la persona o personas que sufren en primer nivel el daño, o en sus seres más cercanos, pero hay siempre más víctimas, incluso alrededor de la persona ofensora, pues no se debe perder de vista que este enfoque abre el marco de interpretación de los hechos haciendo visibles que el impacto del delito y la violencia también afecta a otros miembros de la sociedad.

4. Atiende las necesidades de víctimas, comunidad y personas ofensoras, pues propone una mirada incluyente de todas las personas que participan de manera directa o indirecta en el hecho delictivo y sus efectos. Estableciendo una estructura cooperativa que favorezca la asunción de responsabilidades.

5. Se da respuesta al crimen por la vía de la voluntad y la cooperación con un mínimo de coerción. La justicia restaurativa es una forma alternativa de tratamiento del delito y la violencia a la que deben llegar voluntariamente víctima y persona ofensora, pues de este consentimiento deriva el compromiso y las posibilidades de que el proceso sea realmente restaurativo.

6. El papel de la comunidad es de cooperación y soporte pero también de valedora. Esto es muy importante, es la comunidad la que debe acompañar el proceso para que quienes participan en él no salgan más dañados, pero también para que se cumplan las reglas y los acuerdos.

7. No siempre las personas ofensoras querrán cooperar, en esos casos es necesaria la intervención de autoridades

externas al proceso restaurativo. No se puede perder de vista que estamos en un contexto regulado por un sistema jurídico, que funciona acorde con una legislación y en el marco constitucional, por ello en ningún caso la justicia restaurativa podrá aislarse de este marco jurídico, por el contrario, debe apoyarse en él.

8. El énfasis no está en la seguridad sino en la construcción de valores y de una ética de la responsabilidad. Es este el fin último y la principal diferencia con la justicia punitiva. No se busca el castigo, sino la transformación de la injusticia por la vía del diálogo y la responsabilidad.

9. Reconoce que existe rabia y deseo de venganza y por ello el papel de la comunidad es la construcción de una ética y una moral que ayude a contenerlas. Es el reconocimiento de la dimensión humana del delito y las manifestaciones violentas del conflicto.

10. Requiere que la comunidad genere estructuras de seguimiento y supervisión de los acuerdos. El primer paso es la construcción de condiciones para que víctima y persona ofensora puedan dialogar, pero a este paso siguen muchos otros, lograr acuerdos, velar por su cumplimiento y también crear las condiciones para que los actores del proceso logren transformar su lugar en la comunidad.

11. No hay un modelo único de justicia restaurativa. Como ésta es una justicia que atiende los aspectos sociales, psicológicos, jurídicos y culturales presentes en el delito y la violencia, debe ser diseñada para responder a las particularidades de cada grupo social, pero ello no implica desconocer los principios.

12. El proceso restaurativo exige una conducción por parte de una persona tercera imparcial. Para ello resulta clave la figura de la persona facilitadora, alguien ajena al hecho y a las partes, que debe preparar con éstas el escenario del posible diálogo, explorar su capacidad y disponibilidad para tomar parte del mismo y adoptar estrategias que permitan una comunicación que pueda resultar satisfactoria para todas ellas, favoreciendo que ellas mismas encuentren soluciones viables y proporcionadas.

13. El acuerdo restaurativo que pone término a un proceso restaurativo exitoso debe contener compromisos razonables y proporcionados y respetuosos con la dignidad humana.

14. Son necesarias estructuras de seguimiento y responsabilización que se sirvan en la medida de lo posible de la comunidad.

15. La justicia restaurativa es voluntaria y solo debe aplicarse si las partes dan su consentimiento libremente para ello, habiendo sido plenamente informadas con antelación sobre la naturaleza del proceso y sus posibles resultados y repercusiones, como el impacto, si lo hubiere, que el proceso de justicia restaurativa puede tener en futuros procesos penales.

16. La justicia restaurativa debe prestarse de manera confidencial. Los debates en el contexto de la justicia restaurativa deben ser confidenciales y no pueden utilizarse posteriormente, excepto si lo acuerdan las partes afectadas.

Conceptos relacionados

Comunidad, daño, directrices de la justicia restaurativa, justicia restaurativa, persona ofensora, pilares de la justicia restaurativa, relación entre justicia retributiva y justicia restaurativa, responsabilidad, ventajas de la justicia restaurativa, víctima.

Selección bibliográfica

Aertsen, I. 2000. Mediación de víctimas y ofensores en Bélgica. En el Foro Europeo para la Mediación de Víctimas-Delincuentes y Justicia Restaurativa (ed.). *Mediación de víctimas y ofensores en Europa trabajando en justicia restaurativa*. Leuven: Leuven University Press.
Claassen, R. 1996. Restorative Justice Principles: Restorative Justice Primary Focus on People, not Procedures. En Center for Peacemaking and Conflict Studies.

PRINCIPIOS DE LA MEDIACIÓN PENAL

1. Voluntariedad: las partes deciden formar parte en el proceso de mediación de forma libre, voluntaria e informada, sin ningún tipo de coacción u obligación. Pudiendo retirarse del mismo en cualquier momento. Se plasma con la firma de aceptación del proceso en un formulario que cada equipo de mediación podrá redactar como considere. Respecto de la información, se exige que las personas —partes procesales— estén perfectamente informadas de las fases del proceso de mediación, de sus repercusiones y consecuencias, de los derechos que le asisten como parte procesal tanto si se someten a la mediación como en caso contrario.

2. Confidencialidad: se proyecta en cuanto a la persona mediadora en dos sentidos: el deber de no trasladar la información vertida en las entrevistas individuales a las partes, salvo que dichas partes lo autoricen; y el deber

de no trasladar la información vertida en las entrevistas individuales o conjuntas de las partes a los operadores jurídicos. En cuanto a las partes, no podrán utilizar la información obtenida en el proceso restaurativo, quedando recogido este compromiso de confidencialidad en el documento o formulario de aceptación del proceso de mediación. Así mismo, las expresiones vertidas verbal o documentalmente en el Acta de reparación únicamente tendrán valor de prueba si son ratificadas como tales por la víctima y la persona ofensora en el acto del juicio oral. Los hechos expuestos, las informaciones obtenidas sobre el suceso y la personalidad de los autores y otros partícipes es objeto de una reserva absoluta, según el art. 2 de la Recomendación (99)19, de 15 de septiembre de 1999 sobre mediación en materia penal.

3. Neutralidad: deber de la persona mediadora de renunciar al poder de decisión sobre el conflicto. Implica que la persona mediadora no tome en consideración sus propios valores, emociones y creencias, de tal forma que no influyan en el desarrollo de su labor. El objetivo de este principio es posibilitar que las partes sean capaces de tomar sus propias decisiones con la mayor autonomía posible.

4. Imparcialidad: garantiza que las partes intervengan con plena igualdad de oportunidades, manteniendo el equilibrio entre sus posiciones y el respeto hacia los puntos de vista por ellas expresados, sin que la persona mediadora pueda actuar en perjuicio o interés de cualquiera de ellas.

5. Participación activa: capacidad de la persona mediadora para movilizar a las partes y que éstas no solo escuchen de forma activa, sino que también participen en la resolución del conflicto y en la reparación del daño causado.

6. Gratuidad: el proceso será totalmente gratuito debido al carácter público que tiene el Derecho Penal; los gastos derivados de la mediación serán asumidos por la administración de justicia.

7. Oficialidad: le corresponde al juez, previo acuerdo o a iniciativa del Ministerio Fiscal, o de la abogada/o defensora/o, la derivación de los casos al servicio de mediación penal.

8. Flexibilidad: el proceso de mediación debe ser flexible en cuanto a los plazos específicos para las entrevistas individuales y la conclusión del proceso. No obstante, se establecerán plazos temporales para la suspensión del proceso penal durante el desarrollo de la mediación, así como obligaciones de la persona mediadora para que informe periódicamente de su evolución.

Conceptos relacionados
Circuito de derivación en mediación penal intrajudicial, co-mediación, delitos mediables, formas sustitutivas de ejecución penal, indicadores de idoneidad para derivación a mediación, mediación entre víctima y persona ofensora, mediación penal intrajudicial, prácticas restaurativas, proceso restaurativo, resultado restaurativo.

Normativa
Recomendación (99)19, de 15 de septiembre de 1999 sobre mediación en materia penal.

Ley 5/2012, de 6 de julio, de mediación en asuntos civiles y mercantiles (arts. 7, 8 y 9).

Selección bibliográfica

Martínez Camps, M. M. 2016. El mediador en el proceso. En Cervelló Donderis, V. (Dir.). *Cuestiones prácticas para la aplicación de la mediación penal*. Valencia: Tirant lo Blanch.

Sáez Valcárcel, R. (Dir.). 2010. La mediación penal dentro del proceso. Análisis de situación. Propuestas de regulación y autorregulación. Protocolos de evaluación. Documento ideológico: análisis desde la perspectiva de la política criminal y del derecho a la tutela judicial efectiva. En *CGPJ*.

PROCESO DEBIDO (DERECHO A UN) Y MEDIACIÓN PENAL INTRAJUDICIAL

El art. 24.2 de la Constitución establece que "todos tienen derecho al Juez ordinario predeterminado por la ley, a la defensa y a la asistencia de letrado, a ser informados de la acusación formulada contra ellos, a un proceso público sin dilaciones indebidas y con todas las garantías, a utilizar los medios de prueba pertinentes para su defensa, a no declarar contra sí mismos, a no confesarse culpables y a la presunción de inocencia". Se conforman un conjunto de garantías que amparan el proceso penal. La mediación penal intrajudicial se inserta en el proceso debido bajo el control de jueza/juez o tribunal, con la colaboración del fiscal y de la defensa. Es la jueza/juez o tribunal la que decide qué casos deriva a mediación, la que solicita de las partes su colaboración e informa de sus derechos, quien supervisa la calidad y probidad de las personas mediadoras, protege los derechos e intereses de la víctima de la persona acusada, y, por fin, decide, con respeto al método de la contradicción, cómo se incorpora el acuerdo de reparación al juicio y qué relevancia habrá de tener en la solución del caso.

1. Derecho al juez predeterminado. La mediación es respetuosa con el principio del juez ordinario predeterminado por la ley porque es el juez que conoce del caso quien, en el ámbito del proceso iniciado y en cualquiera de sus fases, decide, de oficio o a iniciativa del Ministerio Fiscal o cualquiera de las partes, los asuntos que se derivan a mediación y, en su caso, la suspensión de la tramitación del procedimiento, y resuelve en sentencia después de haber revisado la legalidad del acuerdo que alcanzaron las partes con el auxilio de la persona mediadora, por el mecanismo y los trámites procesales ordinarios

2. Presunción de inocencia de la persona investigada. La presunción de inocencia o de no culpabilidad tiene dos dimensiones: una, como regla probatoria, esto es, cómo adquirir el convencimiento suficiente para afirmar la hipótesis acusatoria; y otra, como regla de tratamiento en el proceso de la persona investigada, que se convierte en garantía de libertad. La Recomendación (99)19, de 15 de septiembre de 1999 sobre mediación en materia penal, dice que la mediación ha de estar accesible en todas las fases del proceso. Como regla de tratamiento: En fase de ejecución de condena esta garantía no plantea controversia, pues ya existe una sentencia y la presunción de inocencia ha sido enervada. El problema se plantea en

fases anteriores en las que no existe un conocimiento que permita desvirtuar la presunción de inocencia. En este último caso, puede darse la situación de que la persona investigada haya admitido los hechos, haya confesado en un primer momento, con lo cual parece prudente plantear la mediación, teniendo en cuenta, que la participación en la mediación no debe ser utilizada como una admisión, siquiera indirecta, de la autoría del hecho o de la culpabilidad, ni tan siquiera para condicionar o prejuzgar, incluso de manera inconsciente, la futura decisión del caso. En el supuesto de que no haya admitido los hechos, se habrá de abstener la puesta en marcha de la mediación, pues se podría vulnerar su derecho a ser tratado como inocente y a no colaborar a su condena, que pretenden garantizar los institutos de la no autoincriminación y del derecho al silencio. La persona mediadora se convierte en un instrumento añadido de tutela de la presunción de inocencia, ya que podrá concluir el trámite si detectare que el imputado no había cometido el hecho o que le amparaban buenas razones para enfrentar con éxito la pretensión acusatoria.

Como regla probatoria: El principio de presunción de inocencia en tanto regla de juicio, que exige que sólo pueda adquirirse conocimiento válido para la condena mediante actos de prueba producidos en el juicio. En orden al respeto a esta garantía, la mediación está cubierta por la confidencialidad, uno de sus principios reguladores. Todo el contenido de los encuentros entre las partes es reservado, de tal manera que la persona mediadora debe estar obligada por el secreto profesional. Todo el contenido de las entrevistas y del diálogo debe ser confidencial, sin que puedan aprovecharse para la prueba, ni trasladar su rendimiento al juicio, las afirmaciones y posiciones del imputado y del perjudicado. La presunción de inocencia no tiene por qué sufrir ni verse afectada negativamente por la mediación. Si la mediación ha sido exitosa y ha llegado hasta el final con una sentencia, no planteará más problemas. En el caso de que no haya acuerdo se comunicará al juez que este no ha existido sin indicar que parte lo ha impedido, ni el motivo por el que ha sucedido. Salvo que el acusado deseara traer al proceso su reconocimiento de los hechos para obtener una mejor postura procesal usando su sometimiento a mediación y su ofrecimiento de resarcir.

3. Derecho a ser informado de la acusación. Esta garantía posibilita que la persona acusada conozca los hechos que se le atribuyen y pueda defenderse. Este derecho no resulta alterado por la intervención de la mediación. Porque la mediación en nada cambia la necesidad de que se le instruya y provea de tal información. Es más, desde el momento que la mediación supone un mecanismo de comunicación y diálogo más intenso que la mera transmisión rutinaria de derechos y del objeto de la imputación o de la notificación de un escrito realizado por otro, el encartado siempre logrará un conocimiento más amplio de lo que se le está reprochando.

4. Derecho de defensa y de asistencia letrada. Una de las garantías del proceso debido es la asistencia técnica para la mejor defensa de los intereses del imputado, un derecho instrumental que se encuentra al servicio de los principios

de igualdad de partes y de contradicción. En la mediación se produce un reconocimiento mutuo entre las partes, que descansa sobre una ética de la deliberación y de la comunicación. En la mesa de diálogo, que se levanta sobre un plano horizontal, el abogado tiene un difícil encaje. Su lenguaje y sus formas no resultan compatibles para los encuentros entre agresor y víctima. Pero, tal inadecuación radica, sobre todo, en la circunstancia de que el letrado está acostumbrado a subrogarse en el lugar del interesado, a sustituirlo y desplazarle en la toma de decisión, en virtud de la relación de confianza y de su propia especialización en el litigio. El abogado es un profesional que gestiona conflictos ajenos, muchas veces sin preguntar ni atender a las necesidades y requerimientos de sus asesorados. Ahora bien, tanto el abogado del imputado como el de la víctima tienen su papel en la mediación, importante pero periférico al escenario del diálogo. Aconsejará a sus defendidos antes de aceptar la invitación para intervenir en la mediación, al concluir las sesiones del encuentro entre las partes y al final, antes de aceptar y suscribir el acuerdo.

5. Derecho a la prueba. Si bien en el proceso mediador no existe actividad probatoria alguna, fuera de este espacio se pueden utilizar los medios de prueba pertinentes y si se renuncia a ellos, por ejemplo al darse por satisfecha la parte con el acta de reparación, no se produce desconocimiento alguno del derecho sino ejercicio del mismo según los criterios de oportunidad que su titular considere. La renuncia a la prueba propuesta y admitida constituye una práctica procesal admitida y asentada, y particularmente relevante en los juicios de conformidad.

6. Proceso en un plazo razonable. La mediación no es incompatible con un proceso público sin dilaciones indebidas. El tiempo que se emplea en su desarrollo (uno o dos meses) no es un lapso que pueda considerarse excesivo a estos efectos —en atención a los plazos medios—, máxime cuando, de ser exitosa, evitará los recursos y facilitará la ejecución de la sentencia, lo cual redunda en una aceleración final de la resolución del conflicto.

Conceptos relacionados
Circuito de derivación en mediación penal intrajudicial, conformidad, culpabilidad, delitos mediables, garantías procesales de la mediación penal intrajudicial, mediación penal intrajudicial, responsabilidad, proceso restaurativo, relación entre justicia retributiva y justicia restaurativa.

Normativa
Constitución Española (art. 24.2).
Recomendación (99)19 del Comité de Ministros del Consejo de Europa, de 15 de septiembre de 1999 sobre mediación en materia penal.

Selección bibliográfica
Christie, N. 1977. Conflicts as property. En *The British Journal of Criminology,* vol. 17, n° 1.

PROCESO RESTAURATIVO

Es todo proceso en el que la víctima, la persona ofensora y, cuando proceda, cualquier otra persona o miembro de la comunidad afectado por un delito, participan conjuntamente de forma activa en la resolución de cuestiones derivadas del mismo, por lo general con la ayuda de una persona facilitadora. Deben utilizarse únicamente cuando hay pruebas suficientes para inculpar a la persona ofensora, y con el consentimiento libre y voluntario de la víctima y de la persona ofensora, que podrán retirar en cualquier momento del proceso. Los acuerdos se alcanzarán de forma voluntaria y sólo contendrán obligaciones razonables y proporcionadas. La participación de la persona ofensora no se utilizará como prueba de admisión de culpabilidad en procedimientos jurídicos ulteriores. La seguridad de las partes, las diferencias conducentes a una desigualdad de posiciones, así como las diferencias culturales entre las mismas se deben tener en cuenta al tratar un caso. Se desarrolla en tres etapas: pre-encuentro, encuentro y post-encuentro.

Características:

- Superación del paradigma de la justicia retributiva por un modelo de justicia penal cuya respuesta a la infracción penal no es únicamente la averiguación del culpable y la imposición de la pena, sino que da entrada en la respuesta al delito a la satisfacción de las necesidades de la víctima concreta, expresadas por ella misma sin menoscabo de las finalidades clásicas del Derecho Penal.

- Personalización frente a formalización, esto es, frente a la burocracia y despersonalización que impera en la actual práctica forense. Los procesos restaurativos permiten el diálogo personal directo o indirecto entre los protagonistas del hecho delictivo, la comunicación personal y la toma en consideración en la resolución del conflicto de aspectos personales que ordinariamente quedarían excluidos del proceso penal.

- Redescubrimiento, respeto y atención a la víctima frente a neutralización. La monopolización del "*ius puniendi*" por el Estado y la monopolización de la acción penal por el Ministerio Fiscal ha relegado a la víctima a una posición secundaria en el proceso penal. La justicia restaurativa pretende devolverle a las partes el conflicto que les ha sido expropiado.

- Participación de la comunidad. La justicia restaurativa promueve el encuentro voluntario y dialogado entre las partes para tratar de la interdependencia de sus necesidades y sus intereses tras la comisión de un hecho delictivo. Para ello y para apoyar a las partes es necesario dar participación a la comunidad, es decir, dentro de los intereses a tratar en el encuentro, está el vínculo o contexto comunitario.

- Ensanchamiento del abordaje del delito frente al reduccionismo propio del paradigma punitivo. El paradigma punitivo se contenta con el esclarecimiento de aquellos aspectos que permitan subsumir los hechos en el tipo penal y aplicar la pena correspondiente. Todo lo demás queda al margen, es innecesario para los operadores jurídicos del proceso penal, y sin embargo, puede ser para las partes mucho más determinante del conflicto y su solución. Las partes en su declaración de la verdad pueden tener en cuenta todos los matices que deseen.

- Acuerdo autónomo frente a decisión heterónoma. Junto a la fuerza del diálogo, la conciencia de que se es partícipe protagonista en el tratamiento y resolución de los aspectos personales y las consecuencias jurídicas del hecho delictivo, sitúa a la víctima en una posición de dignidad y empoderamiento, frente a la sensación de lejanía, desposesión y relegamiento del proceso penal, en el que un tercero ajeno va a tomar e imponer una decisión sobre uno de los aspectos del conflicto, el castigo al infractor y en su caso la responsabilidad civil. Normalmente, con la sensación de la víctima de que lo hace sin los elementos de juicio necesarios, sin haberla escuchado.

- Buena fe: compromiso de las personas involucradas de participar de manera proactiva y sincera a lo largo de todo el itinerario restaurativo. La mera aceptación formal de participación en un proceso restaurativo no garantiza el carácter restaurativo del mismo existiendo el riesgo de deriva a meras conformidades. Es necesario que las personas participantes se muestren dispuestas a realizar el esfuerzo necesario para compartir su vivencia del conflicto.

Claves:

- Verdad: es el derecho de la víctima a conocer realmente lo que ocurrió y la razón por la cual ocurrió. La verdad también es un derecho colectivo de origen histórico que preserva en la memoria lo que sucedió y previene cometer errores.

- Justicia: viene de la palabra justo que, a su vez, viene del latín *justus* que quiere decir derecho, ley. Toda víctima tiene la posibilidad de hacer valer sus derechos beneficiándose de un recurso justo y eficaz para lograr que la persona ofensora sea juzgada, que el hecho no quede en la impunidad y el daño sea reparado.

- Reparación: son medidas individuales y/o colectivas que cubren integralmente todos los daños sufridos por las víctimas. Algunas medidas individuales son: la restitución, que significa volver al estado anterior al daño; la indemnización, que significa compensar económicamente; y la readaptación que es la atención integral a las víctimas. Las medidas colectivas o también denominadas de reparación moral o simbólica, buscan restablecer la dignidad de las víctimas, preservar la memoria histórica y asumir las responsabilidades de los daños causados.

Conceptos relacionados

Comunidad, conflicto, daño, delito, empatía, encuentro reparador, itinerario restaurativo, justicia restaurativa, perdón, persona facilitadora, persona ofensora, principios de la justicia restaurativa, relación entre justicia retributiva y justicia restaurativa, resultado restaurativo, ventajas de la justicia restaurativa, víctima.

Bibliografía

Naciones Unidas. 2002. *Informe de la Reunión del Grupo de Expertos sobre Justicia Restaurativa. Examen de los principios básicos sobre la utilización de programas de justicia restaurativa en materia penal.* Viena: Naciones Unidas.

Valcárcel, A. 2010. *La memoria y el perdón.* Barcelona: Herder.

PROGRAMAS RESTAURATIVOS

Todo programa que utilice procesos restaurativos e intente lograr resultados restaurativos. Se pueden utilizar en cualquier etapa del sistema de justicia penal, a reserva de lo dispuesto en la legislación. Se basa en el principio fundamental de que el comportamiento delictivo no solamente viola la ley sino también hiere a las víctimas y a la comunidad. Cualquier esfuerzo para solucionar las consecuencias del comportamiento delictivo deberá, en la medida de lo posible, involucrar tanto a la persona ofensora como a las partes ofendidas, y proporcionar la ayuda y el apoyo que la víctima y la persona ofensora requieren. Los programas de justicia restaurativa tienen como propósito: confiar ciertas decisiones clave a aquellas personas que se han visto más afectadas por el crimen; hacer que la justicia sea más sanadora e, idealmente, más transformadora; y disminuir la probabilidad de ofensas en el futuro. Tienen cuatro valores fundamentales:

- Encuentro: se crean oportunidades con el propósito de que víctimas, personas ofensoras y miembros de la comunidad (que deseen hacerlo) se reúnan a conversar acerca del delito y sus consecuencias.
- Reparación: se espera que las personas ofensoras tomen medidas a fin de reparar el daño que hayan causado.
- Reintegración: se intenta devolver a víctimas y personas ofensoras a la sociedad como miembros completos de la misma, capaces de contribuir a ésta.

- Inclusión: se ofrece la posibilidad de que las partes interesadas en un delito específico participen en su resolución.

Sus características más representativas son: dar una respuesta flexible a las circunstancias del delito, de la persona ofensora y de la víctima que permita que cada caso sea considerado individualmente; dar una respuesta al crimen que respete la dignidad y la igualdad de cada una de las personas; desarrollar el entendimiento y promover la armonía social a través de la reparación a las víctimas; dar una respuesta complementaria viable en muchos casos al sistema de justicia penal formal y a sus efectos estigmáticos sobre las personas ofensoras; incorporar la solución de los problemas atendiendo fundamentalmente a las causas subyacentes del conflicto; motivar a la persona ofensora a comprender las causas y efectos de su comportamiento y a asumir su responsabilidad de una manera significativa; utiliza una metodología flexible y variable que puede adaptarse a las circunstancias, la tradición legal, y los principios y filosofías de los sistemas nacionales de justicia penal ya establecidos; y reconocer el papel de la comunidad como principal actor para prevenir y responder al delito y al desorden social.

Tabla 9. Preguntas clave para analizar la efectividad de un programa restaurativo

1	¿Trata el modelo los daños, las necesidades y las causas de la ofensa?
2	¿Se centra adecuadamente en la víctima?
3	¿Insta a los ofensores a asumir la responsabilidad por sus acciones?

4	¿Involucra a todas las partes pertinentes?
5	¿Existen oportunidades para dialogar y tomar decisiones de manera participativa?
6	¿Respeta el modelo a todas las partes involucradas?

Fuente. Elaboración propia a partir de Zehr, 1990

Conceptos relacionados
Círculos de apoyo y responsabilidad, comunidad, conflicto, delito, empatía, encuentro, estigmatización, impacto de los programas restaurativos, persona ofensora, relación entre justicia retributiva y justicia restaurativa, reparación, resultado restaurativo, sanación, víctima.

Selección bibliográfica
UNODC. 2020. *Handbook of Restorative Justice Programmes*. Second Edition. Vienna: United Nations.
Zehr, H. 1990. *Changing lenses. A new focus for crime and justice*. Scottdale, Pennsylvania: Herald Press.

PROGRAMAS RESTAURATIVOS EN PRISIÓN

Los programas de justicia restaurativa que se desarrollan en prisión se han clasificado, en función de la intensidad o tipología de las prácticas restaurativas que utilizan, de la siguiente forma:

- Programas de comportamiento "ofensivo" como el Proyecto de Alternativas a la Violencia, basado en talleres a los que acuden las personas internas voluntariamente pero no incluyen víctimas.

- Programa de concienciación hacia la víctima, como el Árbol Sicomoro desarrollado por Prison Fellowship[9], en los que participan de manera voluntaria las personas internas y tienen la oportunidad de interaccionar con su víctima directa o con víctimas indirectas o subrogadas. Se desarrollan en sesiones grupales y no incluyen reparación a la víctima directa, pero ofrece oportunidades para que las personas condenadas puedan tener actos simbólicos de arrepentimiento como poemas, dibujos, cartas, trabajos manuales, etc.
- Servicios de trabajo a la comunidad que incluyen proyectos en los que se enseña a las personas penadas habilidades que van a beneficiar a la comunidad, pero también a esa persona con objetivos de reinserción.
- Mediación víctima-persona ofensora que incluye un encuentro directo o indirecto con su propia víctima.
- Programas con una filosofía restaurativa completa.

La Secretaría General de Instituciones Penitenciarias ha implementado en 2020 dos programas restaurativos en el contexto de la mediación penal en prisión, tanto para personas que están cumpliendo un pena privativa de libertad en un centro penitenciario, como para aque-

---

[9]   Organización internacional también denominada "Confraternidad carcelaria internacional". Es una organización internacional cristiana evangélica sin fines de lucro que ofrece grupos de estudios bíblicos en la cárcel, programas infantiles para hijas e hijos de mujeres internas y programas de reinserción.

llas personas que están realizando penas alternativas a la pena de prisión. Estos programas restaurativos son: "Encuentros Restaurativos Penitenciarios" y "Taller de Diálogos Restaurativos".

Encuentros Restaurativos Penitenciarios:

Van dirigidos tanto a personas penadas que cumplen una medida comunitaria como a personas privadas de libertad, incluida la libertad condicional. Se puede realizar siempre que las partes estén preparadas y voluntariamente accedan a ello. Se trata de un encuentro entre persona ofensora y víctima. En concreto, en los encuentros restaurativos entre la persona penada y la víctima, se pueden diferenciar tres alternativas:

- Encuentro restaurativo con víctima directa, es decir, toda persona física que haya sufrido un daño o perjuicio sobre su propia persona o patrimonio.
- Encuentro restaurativo con víctima indirecta, es decir, familiares o personas allegadas de las víctimas directas.
- Encuentro restaurativo con víctima no vinculada, es decir, personas afectadas por la lesión de bienes jurídicos similares a aquellos dañados por el delito cometido.

El Encuentro Restaurativo tiene como objetivos generales: escuchar a la víctima en relación con el delito vivido y sus consecuencias, no sólo en el plano físico, sino también emocional y psicológico; pedir perdón a la víctima; compartir con la víctima su vivencia personal sobre el delito y las consecuencias derivadas del mismo para la persona penada; y encontrar formas de reparación por parte de la persona penada que pueda asumir en favor de la víctima.

Los Encuentros Restaurativos Penitenciarios, constan de ocho sesiones, trabajando en paralelo y de forma diferenciada, con la persona penada y con la víctima, además de la sesión conjunta donde se celebrará el encuentro restaurativo. Estas sesiones podrán ser grupales o individuales, en función del número de participantes en cada momento y atendiendo a sus necesidades individuales.

Tabla 10. Sesiones y contenidos con persona ofensora y víctima

Sesión	Ofensor	Víctima
1	La justicia restaurativa: · Concepto. · Proceso. · Mirada específica a la víctima. · Fases.	La Justicia restaurativa: · Presentación. · Motivación. · Búsqueda de sentido de la participación.
2	El delito y el daño causado: · Relato del delito y del daño. Necesidad desde la que actuó. · El delito como estrategia que daña a las personas y a sí mismo. · Encontrar estrategias no delictivas.	El daño vivido: · Elaboración conjunta del daño vivido recibiendo empatía. · Preparación del encuentro.
3	Empatía con la víctima	

Sesión	Ofensor	Víctima
Encuentro	· Escuchar a la víctima. · Pedir perdón. · Compartir con la víctima su vivencia personal en relación con el delito. · Encontrar formas de reparación.	· Ser escuchada en relación con el delito vivido y sus consecuencias. · Petición de perdón por la persona ofensora. · Compartir con la persona ofensora su vivencia en relación con el delito. · Acordar formas de reparación con la persona ofensora.
4	Vivencia del encuentro: · Puesta en común de la experiencia. · Impacto en la víctima. · Impacto en la persona ofensora. · Eficacia reparatoria.	Elaborar la repercusión del encuentro.

Fuente. Elaboración propia a partir de SGIP, 2020

Taller de Diálogos Restaurativos:

El Taller de Diálogos Restaurativos es un taller de responsabilización y reparación del daño destinado a personas penadas tanto a penas privativas de libertad como en el cumplimiento de penas en ámbito comunitario, principalmente a través del cumplimiento de la pena de trabajo en beneficio de la comunidad. Serán criterios de exclusión a valorar por cada profesional: los casos excluidos en la legislación vigente y las personas con trastorno mental grave o drogodependencia activa que dificulten un aprovechamiento adecuado del taller. En la selección de las personas que vayan a participar en el taller se priorizarán a aquellas que muestren una mínima responsabilización sobre el daño causado y capacidad de empatía. Se trata de que la persona ofensora asuma su responsabilidad delictiva, entienda el daño causado a la víctima y a la sociedad, y así promover una transformación en las personas orientada a romper el itinerario delincuencial y así la reincidencia. El taller tiene como objetivo final el poder realizar, preferentemente, un encuentro restaurativo entre persona penada y víctima directa del delito La metodología propuesta está basada en el funcionamiento de los círculos. El taller tiene la siguiente estructura y duración:

- Está compuesto por 12 sesiones, distribuidas en 10 sesiones que constituyen el desarrollo completo de la temática del taller y 2 sesiones que serán la práctica restaurativa para desarrollar paralelamente en función de cada caso individual.

- Consta de una evaluación al principio del taller y otra a la finalización de todas las personas que participan en el mismo.

- Las sesiones tendrán una duración de 4 horas con una frecuencia semanal.

- El número máximo por grupo será de 15 personas, de manera que todas las personas puedan participar de manera activa y tener espacio para realizar sus aportaciones.

Tabla 11. Sesiones y objetivos del Taller

Sesiones	Objetivos
Bienvenida, presentación y acogida grupal	· Conocer el funcionamiento del taller · Fomentar la cohesión de grupo y un clima de confianza
Modelos de justicia	· Comprender el funcionamiento de la justicia restaurativa y retributiva
Empatía y comunicación no violenta	· Desarrollar la empatía · Conocer una forma distinta de comunicación para favorecer la empatía
Responsabilización	· Asumir la responsabilidad por el daño provocado y comprender que es "ser responsable"
A quién afecta el delito y tipos de daño	· Ampliar la visión sobre las personas a las que afecta el delito · Explorar los diferentes tipos de daño como consecuencia de los hechos delictivos
El otro lado del delito	· Conectar con el impacto del delito a través de la experiencia de una persona como víctima
El perdón en justicia restaurativa	· Definir el perdón y reflexionar sobre sus elementos: pensamientos, emociones, conductas y consecuencias
La reparación	· Comprender el funcionamiento de la reparación
El cambio, prevención y resilencia	· Desarrollar y adquirir nuevas estrategias para el cambio positivo
Conclusiones y despedida	· Cerrar el Taller asentando cambios

Fuente. Elaboración propia a partir de SGIP, 2020

Conceptos relacionados

Círculos de apoyo y responsabilidad, comunidad, conflicto, delito, empatía, encuentro, estigmatización, impacto de los programas restaurativos, persona ofensora, relación entre justicia retributiva y justicia restaurativa, reparación, resultado restaurativo, sanación, trabajo en beneficio de la comunidad, víctima.

Selección bibliográfica

Bitel, M., y Edgar, K.(1998). Offending prisoners onalternatives to violence. Prison Service Journal, 118,

Dhami, M, Greg, M y Darrell, F. (2009). Restorative justice in prisons. *Contemporary Justice Reviey.* Contemporary Justice Review, 12 (4).

Liebmann, M. (2010). Restorative Justice in prisionsAn international perspective. Brazil: United Nations Crime Congress. Disponible en: https://cutt. ly/Nn2V1c5.

Secretaría General de Instituciones Penitenciarias (en adelante SGIP). 2020. *Taller de Diálogos Restaurativos: Responsabilización y reparación del daño.* Ministerio del Interior: Madrid.

– 2020. *Intervención en Justicia Restaurativa.* Encuentros Restaurativos Penitenciarios. Ministerio del Interior: Madrid.

PROGRAMAS TERAPÉUTICOS O DE SANACIÓN

Son programas restaurativos orientados expresamente a tratar los crímenes más graves, tales como asesinatos y violaciones. En estos casos, es frecuente que la persona ofensora esté en la cárcel y dicho programa no tiene el objetivo de afectar el resultado del caso judicial. Por el contrario, es frecuente que las personas ofensoras se comprometan explícitamente a no usar su participación en el proceso restaurativo en solicitud de beneficios penitenciarios. Se ha constatado que, con una preparación y estructura adecuada, estos encuentros son experiencias poderosas y positivas tanto para las víctimas como para las personas ofensoras, independientemente de cuál de las partes haya tenido la iniciativa. No todos los programas de este tipo incluyen encuentros directos entre la víctima y su respectiva persona ofensora. En lugar de ello, algunos programas funcionan como una forma de rehabilitación para las personas ofensoras basada en las necesidades e intereses de las víctimas. Como parte de este tratamiento, se motiva a éstas para que comprendan plenamente lo que han hecho y asuman la responsabilidad por sus acciones. Dentro de este proceso puede incluirse un panel de impacto a las víctimas, en el cual un grupo de víctimas tiene la oportunidad de relatarles sus historias a las personas ofensoras. Otros programas realizan seminarios de varias sesiones en el interior de las prisiones, en los cuales víctimas, personas penadas y miembros de la comunidad se reúnen a explorar una variedad de temas y problemáticas para beneficio de todos los participantes.

Conceptos relacionados

Círculos de apoyo y responsabilidad, programa restaurativo.

Selección bibliográfica

UNODC. 2013. *Guía de Introducción a la Prevención de la Reincidencia y la Reintegración Social de Delincuentes.* Viena: Naciones Unidas.

–   2020.*Handbook of Restorative Justice Programmes.* Second Edition. Vienna: United Nations.

PROTOCOLO PARA LA MEDIACIÓN PENAL INTRAJUDICIAL

En cualquier momento de la tramitación de un procedimiento penal el juez de oficio o a solicitud del Ministerio Fiscal, en todo caso sin la oposición de éste (que debe elaborar un informe en cinco días máximo), de la víctima, de la persona investigada o de sus representantes legales, puede resolver someter dicho procedimiento a mediación, que debe acordarse por resolución judicial. Siempre que la persona investigada no niegue la existencia y/o participación en el hecho. La emisión de informe desfavorable por parte del Ministerio Público impide la continuación de la derivación a la mediación.

Un procedimiento penal se puede someter a mediación: por un caso de delito leve ante el Juzgado de Instrucción; incoadas diligencias previas de un caso para la instrucción por el Juzgado de Instrucción; remitido un procedimiento a enjuiciamiento por los trámites del procedimiento abreviado a un juzgado de lo penal o a la Audiencia Provincial[10] o en ejecución de sentencia.

1. Mediación en delito leve:

El Juzgado de Instrucción fijará el plazo para la mediación (la regla general es un mes prorrogable otro mes), atendien-

---

[10]   Si el delito está castigado con pena de prisión inferior a 5 años la competencia la tiene el Juzgado de lo Penal pero si el delito está castigado con pena de prisión superior a 5 años le corresponde a la Audiencia Provincial su enjuiciamiento (art. 14 de la LECrim).

do a las necesidades de la misma, pero teniendo en cuenta que no prescriba el delito[11]. Para ello podrá solicitar informe al equipo de mediación sobre el desarrollo del proceso. Si finaliza la mediación con acuerdo restaurativo el Acta de reparación, incluyendo el extremo referido a si la víctima mantiene o no la denuncia en su día formulada, se notificará a las partes. Así mismo, se comunicará al juzgado la finalización del proceso de mediación con acuerdo restaurativo y se trasladará al Ministerio Fiscal el Acta de reparación, para que valore la oportunidad de solicitar el sobreseimiento del procedimiento y el archivo de las diligencias en los términos legalmente previstos. De no ser así, el Juzgado de Instrucción señalará fecha para el acto de juicio, pudiendo la persona denunciante ejercitar su derecho a no acudir al mismo. En la celebración de juicio oral se incorpora el Acta de reparación como prueba documental, pudiendo comparecer la persona mediadora para su ratificación. El acuerdo será valorado para la imposición de una pena atenuada.

La reforma de la LECrim por la LO 1/2015, de 30 de marzo, de modificación del CP, ha instaurado en nuestro ordenamiento el principio de oportunidad en el ámbito de los delitos leves, permitiendo que el Ministerio Fiscal solicite el sobreseimiento de la causa atendiendo a la escasa gravedad de los hechos y a la ausencia de interés público relevante en su persecución (art. 963.1.1 de la Lecrim). Además, tratándose de delitos leves patrimo-

---

[11]   Los delitos leves prescriben al año (art. 131.1 del CP).

niales, "se entenderá que no existe interés público relevante en su persecución cuando se hubiere procedido
a la reparación del daño y no exista denuncia del perjudicado". Si bien esta norma no menciona expresamente
la posibilidad de que esa reparación haya sido motivada
por un acuerdo mediador, nada impide que ese acuerdo
pueda presentarse al Ministerio Fiscal y pueda, a partir
del mismo, solicitar el sobreseimiento de la causa atendiendo al éxito de la mediación. Cabe pues entender que
el Ministerio Fiscal no queda vinculado a solicitar el sobreseimiento ante la existencia de un acuerdo mediador,
sino que dispondrá de una potestad para valorar el contenido del mismo y decidir si procede o no el ejercicio de
la acción penal. En cuanto a los efectos de ese sobreseimiento, será definitivo si se ha cumplido el acuerdo de
forma previa a la celebración del juicio oral; y si no ha
sido así, el sobreseimiento será provisional, condiciona-
do al cumplimiento del mismo, y una vez cumplido se
dictará el sobreseimiento definitivo.

2. Mediación en fase de ejecución

Incoadas diligencias previas de los arts. 774 y ss de la LE-
Crim por el Juzgado de Instrucción, la jueza/juez, con
acuerdo del Ministerio Fiscal, podrá resolver someter el
proceso a mediación penal, en cuyo caso, en la primera
declaración en calidad de persona imputada, se informará a ésta de forma sucinta por el letrado de la administración de justicia de la posibilidad de someter el proceso
a mediación penal y en el caso de que ésta última no
niegue la pertenencia del hecho, la Jueza/Juez de Instrucción, sin perjuicio de la práctica de las diligencias de

investigación que deba hacer, podrá derivar el proceso a mediación, siempre con anterioridad a dictar Auto de finalización de las Diligencias Previas y transformación en Procedimiento Abreviado (art. 780 de la LECrim) o de transformación en Delito Leve (art. 779 de la LECrim) a fin de que el plan de reparación alcanzado por las partes pueda ser tomado en consideración por el Ministerio Fiscal en su escrito de acusación. Derivado el proceso a mediación, si no se inicia tras la sesión informativa, se dará traslado al órgano judicial que continuará con la tramitación del proceso penal. Si se realiza la mediación y finaliza sin acuerdo, el equipo de mediación lo documentará, respetando en todo caso la confidencialidad, y dará traslado al Juzgado de Instrucción. Si por el contrario se llegara a un acuerdo, se plasma en un Acta de reparación que suscriben las partes con la persona mediadora y se traslada al órgano judicial y las partes podrán:

- Presentar junto con el Acta de reparación un escrito en el que la persona investigada formule un reconocimiento expreso de los hechos instando, si la pena solicitada lo permite[12], la transformación del pro-

---

[12] El art. 801.1 LECrim señala que el acusado podrá prestar su conformidad ante el Juzgado de Guardia y dictar éste sentencia de conformidad, cuando, entre otros requisitos, los hechos objeto de acusación hayan sido calificados como delito castigado con pena de hasta tres años de prisión, con pena de multa cualquiera que sea su cuantía o con otra pena de distinta naturaleza cuya duración no exceda de 10 años.

cedimiento en diligencias urgentes conforme a lo dispuesto en el art. 779.5 de la LECrim. En tal caso la Jueza/Juez de Instrucción pronunciará un auto de transformación (arts. 801 y ss de la LECrim). Conducirá al dictado por la Jueza/Juez de Instrucción de una sentencia de conformidad con la rebaja del tercio de la pena consensuada.

- El Juzgado de Instrucción dictará Auto de Procedimiento Abreviado con traslado a las partes a fin de que procedan conforme al art. 780 de la LECrim. En caso de formular escrito de acusación, podrá plantearse por el Ministerio Fiscal, por la letrada/letrado de la defensa y de la acusación particular, que se proceda conforme a lo dispuesto en el art. 784.3 de la LECrim, esto es, mostrando la defensa su conformidad con el escrito de calificación del Ministerio Fiscal o redactando nuevo escrito conjunto de calificación en el que se recojan los términos del acuerdo alcanzado en mediación y las variaciones que procedan en la calificación y valoración penológica de los hechos. Se dará traslado de los escritos de calificación de conformidad al Juzgado de lo Penal o la Audiencia Provincial que corresponda. Supondrá la condena en conformidad con aplicación de atenuante de reparación del daño.

3. Mediación en fase de enjuiciamiento

Esta fase se inicia una vez las actuaciones se encuentran a disposición del órgano competente para el enjuiciamiento conforme al art. 785 de la LECrim. Examinadas las actuaciones, la jueza/juez o el tribunal, con acuerdo del Ministerio Fiscal, podrá valorar someter el proceso a mediación. Se podrá acordar antes de la celebración del juicio o como cuestión previa en el mismo acto de la vista oral. El plazo de contestación definitiva acerca de la participación en la mediación será de 15 días (aunque no debe considerarse este plazo de naturaleza preclusiva) desde la notificación de la providencia judicial que deriva a mediación o desde la suspensión en el juicio oral en su caso. Si la contestación es negativa por cualquiera de las dos partes, o la mediación no se inicia o no finaliza con acuerdo se documentará la misma y por el juzgado se dictará providencia haciendo constar el seguimiento de la causa por los cauces ordinarios para el señalamiento de juicio oral, notificándose la misma al Ministerio Fiscal, a las partes y al equipo de mediación. Si hay acuerdo[13], se traslada el Acta de reparación al órgano judicial al tiempo que se señala la celebración del juicio oral mediante auto (art. 785.1 de la LECrim). El juicio se iniciará con el trámite de conformidad, se modificará la acusación, en función del acuerdo de mediación, que deberá contemplar la determinación exacta de la pena y las posibles medidas suspensivas entre otras cuestiones. Ambas partes entrarán en sala y podrán exponer ante la jueza/juez los hechos, acuerdos y demás cuestiones que deseen expresar.

En el desarrollo del juicio oral se siguen las pautas ordinarias: constituido el tribunal, se informa a la persona

---

[13] El acuerdo podrá ser firmado por las letradas/letrados para garantizar el derecho a la defensa.

acusada de los hechos objeto de acusación; se le pregunta acerca de su participación en el proceso de mediación y —en su caso— de la realización de las conductas reflejadas en el Acta de reparación para acreditar que la reparación ha sido ya iniciada conforme a lo que se acordó y consta en el Acta. Si la persona acusada manifiesta que sigue manteniendo su interés en continuar el proceso de mediación y que reconoce haber tomado parte en los hechos reflejados en el escrito de acusación del Ministerio fiscal y eventualmente de la acusación particular, se oye a continuación a la víctima para constatar su voluntaria asunción de lo pactado en el Acta de reparación. En caso de que la persona acusada, al ser interrogada por la Jueza/Juez al efecto, manifestara algún tipo de divergencia en relación con los hechos que le imputa el Ministerio fiscal, se analiza en qué medida tales diferencias afectan o no a la calificación jurídica de esos hechos; de ser así, se entraría a juicio para despejar su naturaleza y alcance jurídicos a la luz del resultado de la prueba que se practique en sala a continuación. Constatado el esfuerzo reparador de la persona acusada y admitido aquél por la víctima, tras la modificación de las conclusiones por parte del Ministerio Fiscal y en su caso la acusación particular, para apreciar la circunstancia atenuante de la responsabilidad criminal de reparación del daño con las consecuencias penológicas que se estimen más adecuadas, se dicta sentencia pronunciando el fallo "in voce", y declarándose a continuación su firmeza. Si hubiera de entrarse a juicio para despejar alguno de los extremos contenidos en el escrito de acusación no admitidos por el acusado, tras la práctica de las pruebas admitidas en su día, se declararán los autos vistos para sentencia, que se dictará y notificará a las partes en la forma ordinaria.

4. Mediación en fase de ejecución

Si no se ha realizado la actividad de mediación en las dos fases anteriores la mediación penal puede operar para conseguir la medida de suspensión de la ejecución de la pena. El art. 84.1 del CP señala que la jueza/juez o tribunal también podrá condicionar la suspensión de la ejecución de la pena al cumplimiento de alguna o algunas de las siguientes prestaciones o medidas: el cumplimiento del acuerdo alcanzado por las partes en virtud de mediación. Por otro lado, si la persona condenada ha interesado el indulto, acudir a un proceso de mediación puede ser relevante al objeto de que se conceda la suspensión de la ejecución. También para ser valorado por el Juez de Vigilancia Penitenciaria para la supresión del periodo de seguridad o la aplicación del régimen general de cumplimiento (art. 36.2 y 78.3 del CP).

Conceptos relacionados

Atenuante(s), circuito de derivación en mediación penal intrajudicial, delitos mediables, Estatuto de la víctima, formas sustitutivas de ejecución penal, indicadores de idoneidad para derivación a mediación penal intrajudicial, plan de reparación, reparación.

Normativa

Real Decreto de 14 de septiembre de 1882 por el que se aprueba la Ley de Enjuiciamiento Criminal (arts.774, 779, 780, 784, 785, 801 y 963).
Ley 10/1995, de 23 de noviembre, del Código Penal (arts. 84.1 y 131.1).

Selección bibliográfica

CGPJ. 2016. Guía para la práctica de la mediación intrajudicial. Madrid: CGPJ. Disponible en: https://cutt.ly/1zRlpkN.

R

RECONCILIACIÓN

Es un concepto con múltiples dimensiones y una gran fuerza política y espiritual. A veces se entremezcla con la paz, la justicia, la verdad y el perdón, y en otras es el ejemplo vivo de la recuperación moral y de la capacidad de resiliencia humana. En ocasiones, se utiliza la palabra reconciliación como sinónima de perdón y arrepentimiento, aunque no es lo mismo. Tiene una gran fuerza, tanto en el terreno de las dimensiones humanas interpersonales, como aquellas que afectan a sociedades en su conjunto, o a las relaciones entre naciones o grupos étnicos enfrentados. Esto quiere decir que después de un conflicto civil, de la represión, o de graves violaciones de derechos humanos, la reconciliación emerge como un proceso complejo y multifactorial. Reconciliar significa, por tanto, crear o tender puentes, una sabia forma de proporcionar las condiciones necesarias para que sea restituido el sentido de las cosas y el sentido de la justicia, apartando a un lado los espacios ocupados por la violencia, la crueldad, el odio y el rencor.

Reconciliar significa la acción y el efecto de volver a la concordia a los que estaban desunidos. Concordia parece la palabra clave, en sus diversas acepciones: como conformidad de pareceres y propósitos; como acuerdo o convenio entre litigantes; y contrato o documento en que consta lo convenido entre las partes. La conformidad puede que no extinga el conflicto pero lo transforma y lo regula, cambiando las relaciones entre las partes y haciendo que la visión antagónica e incompatible entre ellas se convierta en una visión de complementariedad y aceptación. Porque la reconciliación lo que pretende, fundamentalmente, es que las dimensiones éticas, jurídicas, políticas, culturales y estructurales emerjan del propio conflicto pero superando y yendo más allá de las violencias que el mismo pudo generar.

Conceptos relacionados

Círculos, comunidad, conferencias, conflicto, conformidad, cultura de paz, daño, empatía, justicia transicional, mediación entre víctima y persona ofensora, perdón, recuperación, resiliencia, sanación.

Selección bibliográfica

Galtung, J. 1998. *Tras la violencia 3R: Reconstrucción, reconciliación, resolución. Afrontando los efectos visibles e invisibles de la guerra y la violencia.* Bilbao: Bakeaz y Gernika Gogoratuz.

López Martínez, M. 2006. Gramáticas de la reconciliación: algunas reflexiones. En Jares, X. et al. (coords.). *El papel de la investigación para la paz ante la violencia en el País Vasco.* Bilbao: Bakeaz y Gernika Gogoratuz.

RECONOCIMIENTO MUTUO

Refiere una circunstancia previa al propio reconocimiento del daño causado a la víctima, se refiere al reconocimiento de la humanidad del otro, de la fragilidad, la vulnerabilidad de la vida y de todos los seres humanos que sustenta la idea de solidaridad y de la ética del cuidado. Este reconocimiento mutuo no supone una consideración simétrica de víctima o persona ofensora en todas sus dimensiones. Así como manifiesta Ríos et al., en el plano axiológico o de valores no es posible la equiparación entre víctima y persona ofensora, no es posible confundir el bien y el mal pero sí que durante el proceso restaurativo debe existir una simetría dialógica que supone reciprocidad en el reconocimiento del otro como un rostro, como un tú humano, desde una mínima capacidad empática.

Conceptos relacionados
Asertividad, daño, empatía, encuentro reparador, itinerario restaurativo, modelos teórico-metodológicos de mediación, perdón, persona ofensora, proceso restaurativo, reconciliación, reparación, resilencia, responsabilidad, vergüenza reintegradora, víctima.

Selección bibliográfica
Ríos Martín, J. et al. 2012. Reflexiones sobre la viabilidad de instrumentos de justicia restaurativa en delitos graves. En Martínez Escamilla, M. y Sánchez Álvarez, M. P. *Justicia restaurativa, mediación penal y penitenciaria: un renovado impulso*. Madrid: Reus.

REINSERCIÓN

El delito, en primer lugar, causa perjuicios para la víctima que, con frecuencia, se siente estigmatizada por familiares, amigos y la propia sociedad, pues para quienes la rodean, es un incómodo recordatorio de que el delito puede afectar a cualquiera. Debido al miedo, personas que naturalmente apoyarían a la víctima intentan explicar lo ocurrido culpando a ésta o deseando que "lo supere". Las personas penadas también sufren la estigmatización, dado que se tornan seres totalmente viles para la sociedad y posteriormente a la liberación, no poseen estructuras de apoyo estables. La meta de la justicia restaurativa es reinsertar, por una parte, a la persona dañada en la sociedad de una forma empoderada y resilente; y por otra parte, a la persona ofensora como un miembro responsable y activo que contribuya en su comunidad. A fin de lograr esto, deben encontrar comunidades en las que exista respeto mutuo, compromiso e intolerancia hacia las conductas discriminatorias y estigmatizadoras. Delimitando el término al ámbito jurídico penal, el art. 25.2 de la CE recoge que "las penas privativas de libertad y las medidas de seguridad estarán orientadas hacia la reeducación y reinserción social", lo que se traduce en nuestro ordenamiento jurídico en remover los obstáculos que dificultan llevar una vida respetuosa con las normas y facilitar a la persona penada los medios que faciliten una vida futura sin delito. La justicia restaurativa supone una evolución del concepto de reinserción pues no solo se pretende la normalización de un comportamiento, sino que va más allá, ofrece a la víctima la posibilidad de participar activamente en una oportunidad de entender el impacto de su delito, permite conectar con la víctima a través de la alteridad y la empatía, así como, buscar proveer reparación del perjuicio cometido. Esto es, se permite que la persona penada se responsabilice del acto cometido.

Conceptos relacionados
Círculos de reentrada para la convivencia, comunidad, control social, daño, delito, estigmatización, persona ofensora, suceso traumático, víctima, victimización.

Normativa
Constitución Española (art. 25.2).

Selección bibliográfica
Redondo Illescas, S., Sánchez Meca, J. y Garrido Genovés, V. 1999. The Influence of Treatment Programmes on the Recidivism of Juvenile and Adult Offenders: A European Meta-Analytic Review. En *Psychology, Crime and Law, 5.* Ríos Martín, J. C. (Dir.). 2008. *La mediación penal y penitenciaria. Experiencias de diálogo en el sistema penal para la reducción de la violencia y el sufrimiento humano.* Madrid: Colex.

RJ QUALITY REVIEW TOOLKIT

La justicia restaurativa es un enfoque en evolución, por lo que, es esencial que cualquier servicio de mediación o restauración se base en valores y se adhiera a estándares de buenas prácticas. El Comité de Valores y Normas del EFRJ ha elaborado, por una parte, una "Guía práctica sobre valores y estándares de Justicia Restaurativa para la práctica" y un "Manual de valores y estándares para profesionales". Y por otra parte, ha confeccionado un kit de herramientas de autoevaluación de la calidad en la aplicación de la justicia restaurativa que se compone de tres herramientas: Preguntas de retroalimentación para participantes de procesos restaurativos (Feedback questions for participants of restorative processes); Autoevaluación para organizaciones que implementan justicia restaurativa dentro del sistema de justicia penal (Self Assessment for Organisations implementing restorative justice within the criminal justice system); y Autoevaluación para personas facilitadoras (Self Assessment for Practitioners).

Conceptos relacionados

Foro Europeo de Justicia Restaurativa (EFRJ), impacto de los programas restaurativos, itinerario restaurativo, persona facilitadora, principios de la justicia restaurativa, valores de la justicia restaurativa.

Selección webgráfica

Guía, Manual y Kit accesibles en: https://www.euforumrj.org/en/values-restorative-justice

RELACIÓN ENTRE JUSTICIA RETRIBUTIVA Y JUSTICIA RESTAURATIVA

Los ordenamientos jurídicos son sometidos periódicamente a cambios fundamentales para adaptarlos a las demandas sociales que se plantean. La justicia restaurativa puede inscribirse entre los cambios de ese tipo, aunque es importante que el replanteamiento de las prácticas establecidas se considere como un proceso de reforma o complemento de las instituciones existentes y no de sustitución de esas instituciones por otras. El sistema de justicia penal debe procurar aplicar medidas restaurativas cuando sea posible, reservando las opciones de la justicia penal ordinaria para casos en que los métodos restaurativos resulten inapropiados o impracticables o se hayan ensayado sin éxito. Lo esencial es que la justicia restaurativa no debe funcionar paralelamente a los sistemas de justicia penal ordinarios, sino como complemento de éstos, pudiendo aplicarse medidas restaurativas concretas o tratarse casos enteros con un criterio restaurativo.

La CE reconoce como derecho fundamental el derecho de todas las personas a obtener la tutela judicial efectiva de sus derechos e intereses legítimos (art. 24.1). La tutela judicial efectiva tiene un contenido genérico y complejo que se proyecta a lo largo del proceso en todo su desarrollo. Afecta al derecho de acceder a los tribunales, a que la pretensión formulada reciba una respuesta del órgano judicial fundada en derecho, razonada y motivada y al derecho de acceso a los recursos establecidos. Una vez obtenida la respuesta jurisdiccional, el derecho a la tutela judicial efectiva garantiza que la misma sea respetada, tanto por el órgano judicial que la dictó como por los demás. También forma parte del contenido del derecho a obtener la tutela judicial efectiva el derecho a la ejecución que impone al órgano judicial atenerse a lo previsto en el fallo adoptando las medidas necesarias para proveer a la ejecución del mismo. Uno de los requisitos para la prestación de la tutela judicial efectiva es el de la organización de una estructura y un aparato judicial, en este sentido, la mediación penal no es un método alternativo de resolución de conflictos (ADR) sino un mecanismo que se inserta en el sistema de la administración de justicia y se configura como un instrumento complementario de la misma, para permitir el protagonismo de los intervinientes en el conflicto y la expresión de su voluntad, de sus necesidades y de sus requerimientos. Lo que quiere decir que la mediación se inserta en el proceso debido con todas las garantías, bajo el control de la jueza/juez en las diversas fases que conforman su secuencia, en un espacio público reglado, sin introducir elementos de privatización. Es la jueza/juez, con la colaboración del fiscal y de la defensa, la/el que decide qué casos deriva a mediación, la/el que solicita de las partes su colaboración e informa de sus derechos, quien supervisa la calidad y probidad de los mediadores, protege los derechos e intereses de la víctima y del encartado, y, por fin, decide, con respeto al método de la contradicción, cómo se incorpora el acuerdo de reparación al juicio y qué relevancia habrá de tener en la solución del caso.

Tabla 12. Comparación entre justicia retributiva y justicia restaurativa

	Justicia retributiva	Justicia restaurativa
¿Qué es un delito?	Violación de las leyes y violación contra el Estado	Violación de las relaciones sociales y violación contra las personas
¿Qué crea el delito?	Culpa	Obligaciones

	Justicia retributiva	Justicia restaurativa
¿Cuáles son los requisitos para hacer justicia?	Se determina el culpable y se le impone un castigo	Víctima, agresor y comunidad trabajan juntos para hacer las cosas bien
¿Cuál es el foco central?	El castigo por el delito cometido	Las necesidades de la víctima y la responsabilidad del ofensor para reparar el daño
La deuda creada por la ofensa ¿a quién se debe? ¿a quién se paga?	Se debe al Estado y se paga a través de la pena	Se debe a la víctima y se paga a la víctima
Rol del ofensor	Ser encontrado culpable o inocente	Reparar a la víctima y a la comunidad
Derechos del ofensor	Derecho a un proceso debido	Expresar sus preocupaciones y negociar una reparación
¿Quién es la víctima?	El Estado	La persona dañada
Rol de la víctima	Denunciar el hecho y testificar si es requerida	Reconciliarse con el agresor y negociar una reparación
Derechos de la víctima	Responsabilidad civil	Reparación, restitución
Rol de la comunidad	Ninguno	Mediar en la reconciliación
Derechos de la comunidad	Ser protegida por el delito	Estar involucrada en la restauración
Rol del órgano judicial	Determinar la culpabilidad y dictar sentencia	Ayudar en el proceso de mediación

	Justicia retributiva	Justicia restaurativa
Naturaleza del proceso	Adversarial	Negociar, colaborar, mediar
Enfoque	Pasado	Futuro
Culpabilidad	Absoluta y permanente	Extraíble a través de la responsabilidad y reparación
Resultado del proceso	Castigo	Reparación, conciliación

Fuente. Elaboración propia a partir de Zehr, 2002

Conceptos relacionados
Alternative Dispute Resolutions (ADR), culpabilidad, delito, justicia orientada a los problemas, justicia procedimental, justicia restaurativa, mediación penal intrajudicial, proceso debido (derecho a un), proceso restaurativo, reinserción, tutela judicial efectiva y mediación penal intrajudicial, victimización.

Normativa
Constitución Española (art. 24).

Selección bibliográfica
CGPJ. 2016. *Guía para la práctica de la mediación intrajudicial.* Madrid: CGPJ. Disponible en: https://cutt.ly/1zRIpkN.

Sáez Valcárcel, R. (Dir.). 2010. La mediación penal dentro del proceso. Análisis de situación. Propuestas de regulación y autorregulación. Protocolos de evaluación. Documento ideológico: análisis desde la perspectiva de la política criminal y del derecho a la tutela judicial efectiva. En *CGPJ.*

Zehr, H. 1990. *Changing lenses. A new focus for crime and justice.* Scottsdale, Pennsylvania: Herald Press.

REPARACIÓN

Se entiende por reparación, enmendar, corregir el menoscabo que ha padecido una cosa o remediar; desagraviar, satisfacer a la persona ofendida. De tal forma, que según la justicia punitiva tradicional se exige que quien cometa un hecho delictivo sufra, además de la pena, un perjuicio económico como compensación precisamente por la ventaja injustamente alcanzada. La justicia restaurativa apela para el restablecimiento de la paz jurídica a términos constructivos, y no a términos de reacción social retributivos, ahora bien sin obviar los fines de prevención general y de prevención especial de la pena. En el primer caso con la reparación se genera un sentimiento social de no peligro, así como de una consideración de protección estatal de los ciudadanos —especialmente de la víctima— (prevención general positiva). En relación con la prevención especial se favorece, por un lado, el posicionamiento de la persona ofensora (prevención especial positiva) ante sus propios hechos, asumiendo su responsabilidad y la reparación voluntaria, y de otro, se potencian los mecanismos de aprendizaje social dirigidos al diálogo como elemento de resolución de conflicto. El concepto de reparación se suele equiparar a los conceptos de restitución e indemnización pese a que sus significados difieren. Restitución supone reemplazar los bienes dañados e indemnización pagar el importe de los mismos. La reparación tiene un alcance mucho mayor al reconocer el derecho integral de la víctima a recibir una compensación satisfactoria por el perjuicio creado. La práctica de los procesos restaurativos manifiesta que las necesidades e intereses de reparación de las personas dañadas son variadas, dependiendo de diversos factores: individuales (edad, género, habilidades cognitivas); vivenciales (vivencia del hecho sufrido, relación con la persona ofensora); microsociales (entorno familiar, social y laboral, sistema judicial, servicios de asistencia); y macrosocial (cultura e imaginario social). No obstante, existen puntos en común en las necesidades e intereses de reparación por parte de las víctimas tales como: recibir explicaciones sobre el hecho delictivo por parte de la persona ofensora; percibir por parte de la persona ofensora empatía y asunción de responsabilidad por los daños causados; ofrecimiento de disculpas; obtener un compromiso de no reincidencia; obtener un compromiso de respeto si hay relación interpersonal previa; participación en programas sanitarios, sociales o educaciones en su caso; y compensación económica.

Van Ness y Heetderks señalan que la reparación comprende cuatro elementos o facetas: disculpa, cambio en la conducta, restitución y generosidad:

- Disculpa: a su vez contiene reconocimiento, emoción y vulnerabilidad. Con el reconocimiento, la persona ofensora acepta que su conducta causó un daño real a una persona. Con la emoción, va más allá del reconocimiento de la culpa, llega al remordimiento o vergüenza por lo que ha hecho. La vulnerabilidad tiene que ver con un cambio en la posición de poder entre víctima y la persona ofensora, ya que al disculparse ésta, entrega ese control a la víctima, quien puede decidir si acepta o no la disculpa.

- Cambio en la conducta: el objetivo es que la persona ofensora no vuelva a delinquir. Por ello, en los procesos restaurativos, los acuerdos suelen incluir elementos tales como: el cambio del entorno del delincuente, ayudarlo a aprender a tener un nuevo comportamiento y recompensar los cambios positivos. Por ejemplo, asistir a programas para el tratamiento de adicciones, asistir a terapias para el control de la ira, asistir a programas educativos y/o de capacitación laboral.

- Restitución: la restitución puede hacerse devolviendo o reemplazando la propiedad, con un pago monetario, brindando servicios directos a la víctima, o realizando trabajos en beneficio de la comunidad.

- Generosidad: los resultados de los procesos restaurativos sugieren que víctimas y delincuentes pueden ir más allá de simplemente saldar cuentas.

Conceptos relacionados

Control social, daño, delito, empatía, formas sustitutivas de ejecución penal, persona ofensora, proceso restaurativo, reinserción, responsabilidad, resultado restaurativo, trabajo en beneficio de la comunidad, víctima.

Selección bibliográfica

Barnett, R. E. 1977. Restitution: A new Paradigm for Criminal Justice. En *87 Ethics*, 279.

Van Ness, D. W. y Heetderks Strong, K. 1997. *Restoring Justice*. Salisbury: Anderson and Co Publishing.

Walgrave, L. 2004. Has Restorative Justice Appropiately Responded to Retribution Theory and Impulses? En Zehr, H. y Toews, B. (eds.). *Critical Issues in Restorative Justice*. New York: Criminal Justice Press.

RESILENCIA

El término resiliencia tiene su origen en el campo de la física y la metalurgia, en relación con la capacidad de resistencia de los materiales ante la presión, de doblarse con cierta flexibilidad y recobrar su forma original. Sin embargo, es a partir de los años setenta cuando comienza a ocupar un lugar principal en el ámbito de la psicología, siendo un concepto complejo de describir que se orienta hacia tres dimensiones: resiliencia como rasgo, que supone la existencia de un rasgo de personalidad del sujeto que facilita la afrontación de la adversidad, consiguiendo un ajuste óptimo; resiliencia como resultado, que la relaciona con los comportamientos resultantes de la persona que facilitan su recuperación positiva ante la adversidad; y resiliencia como proceso, como una dinámica en la que los sujetos se adaptan de manera rápida a las adversidades, obteniendo resultados óptimos.

Cyrulnik, la define brevemente como "iniciar un nuevo desarrollo después de un trauma", y afirma que lo complicado de este término no es su definición, sino descubrir aquellas condiciones que la permiten. Para ello, se deberán tener en cuenta la "segurización" (crear un apego familiar), la recuperación, las relaciones y la cultura de cada sujeto. En este sentido, los procesos restaurativos, permiten a través de la resiliencia, la interacción entre los miembros del grupo, la escucha y el apoyo, para así lograr identificar los recursos que fortalecerán a las personas para enfrentar situaciones que puedan resultar adversas para sí mismas y para el resto.

A las personas ofensoras les ayuda a recorrer un camino que les permite comprender lo que ha ocurrido, responsabilizarse de ello, explicarse y explicar a la víctima lo que ella misma necesite. En las víctimas, la resiliencia vendrá unida a la satisfacción de sus necesidades de comprensión, reparación, expresión de sentimientos, potenciación del propio protagonismo y seguridad. Así pues, la resiliencia es un proceso para superar los efectos negativos de la exposición al riesgo, para afrontar con éxito las experiencias traumáticas y evitar las trayectorias negativas asociadas con dicho riesgo.

Conceptos relacionados
Asertividad, asistencia a la víctima, asistencia al ex delincuente, conflicto, cultura de paz, empatía, impacto de los programas restaurativos, itinerario restaurativo, justicia terapéutica, persona ofensora, proceso restaurativo, reconocimiento mutuo, reparación, responsabilidad, suceso traumático, víctima, victimización.

Selección bibliográfica
Becoña, E. 2006. Resiliencia: Definición, características y utilidad del concepto. En *Psicopatología y Psicología Clínica*, 11(3).
Cyrulnik, B. *Los patitos feos. La resilencia: una infancia infeliz no determina la vida*, 6° ed. Barcelona: Gedisa.
Piña López, J. A. 2015. Un análisis crítico del concepto de resiliencia en psicología. En *Anales de psicología*, 31(3). Disponible en https://cutt.ly/jx7sidH.

RESPONSABILIDAD

La responsabilidad, desde la perspectiva restaurativa, incluye una oportunidad para entender las consecuencias humanas de las propias acciones y para hacer frente a lo que se ha hecho. Implica rendir cuentas por el resultado del comportamiento realizado y permite tomar en serio los tres niveles de necesidad y obligación: víctima, comunidad y persona ofensora. Hay que distinguir entre la responsabilidad ética, que mira hacia el pasado pero sobre todo hacia el futuro; y la responsabilidad criminal que mira siempre hacia el pasado y permite la presencia institucional en el conflicto. El reconocimiento voluntario de los hechos ocurridos y del daño causado como acto de responsabilidad ética es el punto de partida de la resolución eficaz del conflicto y determina que la persona infractora acepta su participación en el proceso restaurativo.

Conceptos relacionados
Comunidad, conflicto, delito, indicadores de idoneidad para derivación a mediación penal intrajudicial, justicia orientada a los problemas, justicia restaurativa, persona ofensora, proceso restaurativo, reinserción, reparación, vergüenza reintegradora, víctima.

Bibliografía
Jonas, H. 1995. *El principio de responsabilidad.* Herder: Barcelona.
Ríos Martín, J. y Olalde Altarejos, A. 2011. Justicia restaurativa y mediación. Postulados para el abordaje de su concepto y finalidad. En *Revista de Mediación*, año 4, n° 8, 2° semestre.

RESTORATIVE CITY

Es un movimiento social basado en las relaciones y en los espacios donde se generan (familia, colegio, universidad, centro de trabajo, vecindario, instituciones, etc.) que aborda el conflicto como parte de la convivencia desde una perspectiva constructiva e integradora de la diversidad de la comunidad, alejándose del punto de vista punitivo y de la naturalización de considerar el castigo como la única respuesta al conflicto. Supone una mirada cultural diversa, transversal y atemporal. Implica incorporar los valores de la justicia restaurativa al tratamiento del conflicto en todos los niveles relacionales de la comunidad (individuales, interpersonales e intercomunitarios) definida territorialmente como barrio, municipio o propiamente ciudad. Así, la justicia restaurativa, se libera de los tribunales, no es únicamente una herramienta de la justicia penal sino una cultura diversa en un concepto de seguridad humana diversa. Por seguridad, se entiende la capacidad de dialogar para resolver los conflictos y no negar la existencia de los mismos, así como, la oportunidad de llevar a cabo reuniones restaurativas en cualquier lugar y en cualquier momento. Es una experiencia de inclusión, equidad, solidaridad y cohesión social. La primera ciudad restaurativa fue Hull (Reino Unido). El movimiento comenzó en el año 2010 en algunas escuelas y centros de menores de Riverside y posteriormente se extendió a toda la población. Se desplegaron prácticas restaurativas en las intervenciones que el Ayuntamiento de Hull y la Policía de Humberside realizaron con jóvenes involucrados en conflictos. Le siguieron otras ciudades como Southampton (Reino Unido), Bristol (Reino Unido), Brighton (Reino Unido). Leeds (Reino Unido), Portsmouth (Reino Unido), Stockport (Reino Unido), Leuven (Bélgica), Como (Italia), Tempio Pausiana (Italia), Oakland (California, EEUU). Vermont (EEUU), Canberra (Australia), Newcastle (Reino Unido), Whanganuz (Nueva Zelanda).

Principios de la ciudad restaurativa:

1. Valorar las relaciones entre individuos, familias, comunidades y organizaciones.

2. Abordar y reparar el daño, asumir responsabilidad y buscar nuevas formas de avanzar

3. Cuidar, desafiar y apoyar a otros en todos los niveles, desde el individual hasta el institucional.

4. Resolver problemas juntos asegurando que las decisiones y los procesos sean transparentes.

5. Escuchar y respetar a todas las personas, asegurarse de que todos puedan participar activamente

Conceptos relacionados

Asertividad, comunidad, conflicto, control social, dialogo restaurativo, justicia restaurativa, pilares de la justicia restaurativa, prácticas restaurativas comunitarias, responsabilidad, valores de la justicia restaurativa.

Bibliografía

Pali, B. y Aertsen, I. (Eds.) (2018). *Restoring Justice and Security in Intercultural Europe*. New York: Routledge and Frontiers in Criminal Justice.

Patrizi, P. (Ed.) (2019). *La giustizia riparativa. Psicologia e diritto per il benessere di persone e comunità*. Roma: Carocci.

Varona Martínez, G. 2023. Habitar ciudades restaurativas: una red emergente para sostener círculos de reentrada para la convivencia y foros atemporales de verdad y memoria para los delitos sin esclarecer, en particular en violencia política, en Varona Martínez, G. (dir.). *Repensar la justicia restaurativa desde la diversidad: claves para su desarrollo práctico e investigación tórica y aplicada*. Valencia: Tirant lo Blanch.

RESULTADO RESTAURATIVO

Es un acuerdo alcanzado como consecuencia de un proceso restaurativo. Entre los resultados restaurativos se pueden incluir respuestas y programas como la reparación, la restitución y el servicio a la comunidad, encaminados a atender a las necesidades y responsabilidades individuales y colectivas de las partes y a lograr la reintegración de la víctima y de la persona ofensora. Los resultados de los acuerdos dimanantes de programas de justicia restaurativa, cuando proceda, deberán ser supervisados judicialmente o incorporados a decisiones o sentencias judiciales. Cuando así ocurra, los resultados tendrán la misma categoría que cualquier otra decisión o sentencia judicial y deberán excluir la posibilidad de enjuiciamiento por los mismos hechos. Cuando no se llegue a un acuerdo entre las partes, el caso deberá someterse al proceso de justicia penal ordinario y se deberá adoptar sin demora una decisión sobre la forma de proceder.

Conceptos relacionados

Atenuante(s), comunidad, formas sustitutivas de ejecución penal, garantías procesales de la mediación penal intrajudicial, plan de reparación, programas restaurativos, reparación, responsabilidad, trabajos en beneficio de la comunidad, ventajas de la justicia restaurativa.

Selección bibliográfica
CGPJ. 2016. Guía práctica para la mediación intrajudicial. Disponible en: https://cutt.ly/1zRlpkN.

S

SANACIÓN

Tanto víctimas como personas ofensoras necesitan sanación y ésta requiere oportunidades para el perdón, la confesión, el arrepentimiento y la reconciliación. La sanación para las víctimas no implica que se pueda o se deba olvidar o minimizar la agresión. Más bien, implica un sentido de recuperación, un grado de cierre. El delito hace daño, la justicia debe sanar. Para las víctimas de un delito, las secuelas son traumáticas porque el crimen altera dos premisas básicas vitales: nuestra creencia de que el mundo es un lugar con orden y significado y nuestra creencia de autonomía personal. Si se obtienen respuestas para el "por qué" o el "qué" del delito, el mundo puede tener sentido otra vez; sin respuestas, las víctimas tienden a culparse a sí mismas o a otras personas, como estrategia de defensa, para así recuperar el control. Para encontrar la sanación, las víctimas deben hallar respuestas a seis preguntas básicas: 1) ¿Qué pasó?; 2) ¿Por qué me pasó a mí?; 3) ¿Por qué reaccioné como lo hice en ese momento?; 4) ¿Por qué he reaccionado como lo he hecho desde ese momento?; 5) ¿Y si pasa otra vez?: y 6) ¿Qué significa para mí y para mi perspectiva del mundo, del futuro?

Las víctimas necesitan avanzar al punto en donde el delito y la persona infractora no las dominen. Para ello, igualmente es importante la restitución, no solamente material entendida como una recuperación física de una cosa o como compensación económica sino también simbólica, entendida como una declaración y reconocimiento de que se cometió una ofensa y se quiere reparar el daño. Pero además de las respuestas y la restitución, las víctimas necesitan oportunidades para expresar y validar sus emociones de ira, miedo, dolor... Las víctimas deben empoderarse, necesitan recuperar el sentido de autonomía personal que la persona agresora les arrebató a través de una experiencia de justicia, donde sean informadas, consultadas e involucradas. No obstante, en el sistema de justicia punitivo nada de esto pasa, las víctimas solo se tienen en cuenta si las necesitan como testigos. Para la justicia restaurativa la sanación de la víctima es primordial, por ello les devuelve la gestión del conflicto que les pertenece a través del proceso restaurativo.

Conceptos relacionados
Daño, delito, empatía, itinerario restaurativo, perdón, persona ofensora, proceso restaurativo, reconciliación, reparación, resilencia, suceso traumático, víctima.

Selección bibliográfica
Rees, L. 2008. *Los verdugos y las víctimas. Las páginas negras de la historia de la Segunda Guerra Mundial.* Barcelona: Crítica.
Reyes Mate, M. 2012. *Tratado de la injusticia.* Barcelona: Antrhopos.

SUCESO TRAUMÁTICO

Un suceso traumático no es una simple adversidad, tal y como señalan Echeburúa y Amor, genera terror e indefensión, pone en peligro la integridad física o psicológica de una persona y dejan con frecuencia a la víctima en tal situación emocional que es incapaz de afrontarla por sí misma. Cualquier acontecimiento traumático (una agresión sexual, la tortura, la violencia de género, el asesinato de un familiar, etc.) supone una quiebra en el sentimiento de seguridad de una persona y una pérdida de confianza básica en las demás personas. El elemento especialmente perturbador es la violencia intencional e injustificada generada por otros seres humanos. Es una experiencia central, no sólo en la vida de las víctimas, sino también en la de muchas personas ofensoras. Gran parte de la violencia puede ser, en realidad, la reproducción de un trauma no resuelto que se sufrió en el pasado. La sociedad tiende a responder con un trauma adicional al aplicar la encarcelación. Si bien las realidades del trauma no deben ser usadas para justificar la ofensa, sí tienen que ser comprendidas y tratadas. Los procesos restaurativos posibilitan la adopción de estrategias adaptativas para afrontar el trauma.

Tabla 13. Estrategias de afrontamiento de sucesos traumáticos

Estrategias inadaptativas	Estrategias adaptativas
Conductal	
Evitación que interfiere negativamente en la vida cotidiana de la persona.	Exposición a situaciones/estímulos que pueden recordarle el suceso.
Aislamiento social. Acercamiento a personas inapropiadas. Rechazo de ayuda terapéutica.	Búsqueda de apoyo social y familiar. Alejamiento de personas tóxicas. Búsqueda de ayuda terapéutica.
Conductas autodestructivas: · Abuso de alcohol y drogas. · Automedicación sin control. · Conductas de riesgo. · Conductas violentas.	Conductas constructivas: · Consumo moderado de alcohol. · Medicación controlada. · Implicación en conductas gratificantes. · Conducta respetuosas o altruistas.
Cognitiva	
Atención selectiva a sucesos traumáticos pasados.	Focalización atencional a situaciones actuales positivas o en proyectos de futuro.
Emocional	
Anclaje en sentimientos negativos: · Nostalgia paralizante. · Deseos de venganza e impotencia. · Odio, rencor, resentimiento. · Sentimientos de culpa. · Ira, hostilidad.	Sentimientos positivos liberadores: · Nostalgia positiva. · Perdón, compasión. · Dejar el suceso traumático en manos de la justicia. · Desahogarse emocionalmente.
Regulación emocional cognitiva	
Negación. Catastrofismo. Rumiación. Autoinculpación. Culpar a otras personas.	Aceptación. Puesta en perspectiva. Reevaluación positiva. Fijarse selectivamente en lo positivo. Centrarse en la planificación.

Fuente. Elaboración propia a partir de Echeburúa y Amor, 2019

Conceptos relacionados
Daño, delito, derechos de las víctimas, Estatuto de la Víctima, justicia restaurativa, justicia terapéutica, justicia transicional, perdón, persona ofensora, resilencia, sanación, víctima, victimización.

Bibliografía
Echeburúa, E. y Amor, P. J. 2019. Memoria traumática: estrategias de afrontamiento adaptativas e inadaptativas. En *Terapia Psicológica*, vol. 37, n° 1.

T

TÉCNICAS DE MEDIACIÓN

1. Comunicación:

Es el acto de manifestar el significado de algo y satisface tres tipos de necesidades: informar e informarse; unirse para conseguir fines comunes; y establecer relaciones interpersonales. En el proceso restaurativo una comunicación eficaz tendrá en cuenta lo siguiente: respeto mutuo; expresar opiniones personales y no con vocación universal; mostrar empatía; reconocer los propios sentimientos; escuchar abiertamente y evitar juicios. En dicho proceso se dan diversas clases de comunicación:

- Informativa: se produce de forma unidireccional, de la persona mediadora a las partes y está presente en la primera fase de entrevista individual con cada una de las partes. Es un tipo de comunicación objetiva, clara y concreta.

- Introspectiva: está presente tanto en la fase de encuentro como en el acuerdo de la mediación y sirve para que las partes relaten su narrativa y hagan aflorar sus sentimientos.
- Constructiva: este tipo de comunicación se utiliza para construir entre las partes con la ayuda de la persona mediadora una nueva historia.
- Colaborativa: presente en la fase de acuerdo, se dan alternativas y se llega a un compromiso común.

2. Escucha activa:

Supone estar plenamente presente con la persona que habla, escuchando lo que dice y lo que no dice, a través de la comunicación verbal y no verbal, sin juzgar, pero de modo reflexivo para entender su malestar, motivaciones e intereses. Para la persona mediadora significa además atender a su interlocutor, de tal forma que se obtenga información de gran relevancia sobre la actitud y sentimientos de las partes hacia el conflicto.

Tabla 14. Escucha activa

Para la persona mediadora permite	Para la persona mediada supone
· No prejuzgar o juzgar. · Respetar. · Escuchar de forma empática. · Permitir que el otro se exprese a su ritmo. · Poder responder a aquello que han estado comunicando.	· Expresar lo que siente de forma libre. · Aceptar sentimientos no deseados. · Confianza. · Liberar ansiedad y angustia por el conflicto. · Permite mejorar sus relaciones.

Fuente. Elaboración propia a partir de Martínez Camps, 2016

Otros tipos de escucha son:

- Apreciativa: es aquella escucha en la que no se presta atención.
- Selectiva: se presta atención sólo a una parte del mensaje.
- Discernitiva: se escucha el mensaje completo pero atendiendo a los detalles importantes.
- Analítica: ésta es la que permite un proceso comunicativo más completo, es decir, permite buscar la información concreta en el mensaje de la persona emisora, separando de ésta las emociones, esto permite analizar la comunicación y examinar si las conclusiones son lógicas y correctas. Permite hacer preguntas a la persona interlocutora para descubrir los mensajes ocultos.
- Sintetizada: permite que se logre la información o el comportamiento que se quiere de la persona emisora. Se debe realizar afirmaciones o preguntas dirigidas.
- Empática: este tipo de escucha resulta muy útil para asimilar las palabras de la persona emisora y de esta forma comprender su mensaje.

3. Preguntas

Dirigidas a recabar información y buscar la participación de las partes. Existen diversos tipos de preguntas.

- Abiertas/informativas: recomendables al inicio del proceso. Investigan intereses, necesidades y sentimientos. No se espera una respuesta determinada.
- Cerradas/clarificadoras: presenta una opción de respuesta. Necesarias para aclarar y confirmar datos proporcionados.

- Justificativas: se pueden utilizar para preguntar por la razón o fundamento de una de las afirmaciones realizada.
- Circulares: realizadas para hacer comprender a alguna de las partes las decisiones o posiciones de la otra. Hace pasar de un pensamiento causa-efecto a uno más global, que desfocaliza al culpable proporcionando la posibilidad de darle un nuevo enfoque al problema.
- Preguntas creativas: pueden servir para abrir nuevas posibilidades de solución cuando la negociación o un aspecto concreto se obstruye.
- Preguntas reconductoras: tienen como finalidad reconducir la negociación cuando se ha obstruido para reconducirla hacia otra postura o ámbito y que la comunicación continúe.
- Preguntas de cierre: se pueden utilizar para concluir un tema de disputa o un aspecto de la negociación con el objetivo de concretar una decisión.

Tabla 15. Ejemplos de los diversos tipos de preguntas

Abiertas	¿Cómo llegaste al apartamento? ¿Cómo entraste en la casa?
Cerradas	¿Qué quieres decir cuándo comentas que le temes?
Justificativas	¿Cuáles son tus circunstancias para decir que necesitabas el dinero?
Circulares	¿Qué piensas que ella te quiere decir y tu no puedes escuchar? ¿tú en su situación qué harías?

Creativas	Imagina que con mucho esfuerzo consigues comprarte un coche y te lo roba ¿qué hubieses hecho?
Reconductoras	Siguiendo con la historia ¿qué piensas sobre la propuesta?
De cierre	Entonces ¿confirmas que pagarás 130 € al mes durante 2 años?

Fuente. Elaboración propia a partir de Pascual, 2008

Tabla 16. Preguntas restaurativas clásicas

Para la víctima	¿Qué sucedió? ¿Cómo te sentiste en el momento de los hechos? ¿Cómo te sientes ahora? ¿Qué necesitas para sentirte reparada?
Para la persona ofensora	¿Qué sucedió? ¿Cómo te sentiste en el momento de los hechos? ¿Cómo te sientes ahora? ¿Cómo crees que se sintió la víctima? ¿Qué puedes hacer para reparar lo que hiciste?
Para las personas representantes de la comunidad	¿Quién más se ha visto afectado por los hechos? ¿Cómo podemos contribuir a la reparación de lo sucedido? ¿Cómo podemos contribuir a que no se vuelva a repetir? ¿Qué cambios tendrían que ocurrir a nivel personal y social para que nunca más sucediera esto?

Fuente. Elaboración propia.

4. Otras técnicas:

- Clarificación: la persona mediadora hace preguntas para confirmar si las partes han entendido el mensaje correctamente

- Metáforas: ayuda a las partes a observar desde una posición ajena el conflicto. Solo se utiliza si no han funcionado otras formas de comprensión
- Parafraseo: repetición del contenido cognitivo aportado por las partes, que la persona mediadora recoge y resume. Repitiendo el discurso de cada parte eliminando connotaciones peyorativas, la persona mediadora facilita el entendimiento y se asegura una buena comprensión del mensaje. Así por ej.: "Quisiera asegurarme de que he comprendido lo que me cuenta, corríjame si me equivoco...". Recursos lingüísticos: sinónimos, cambiar conjugación verbal, cambiar estructura del texto.
- Reenmarcación: resumen desde un punto de vista empático de lo expresado por una de las partes, siendo recogido por la persona mediadora de una forma positiva, tratando de eliminar los rasgos negativos, de tal forma que la otra parte recibe el mensaje de forma menos agresiva.
- Lluvia de ideas: generación de un gran número de ideas sin analizar la viablidad de éstas.
- Replanteo (reformulación): la persona mediadora relaciona los mensajes y las conductas de las partes y realiza una interpretación del conflicto. Hay que atender a la reacción de las partes. Recontextualiza. Debe ser objetivo y cercano a la realidad. Sustituye lo inamovible y/o rígido por alternativas que permitan ver el conflicto como modificable y por tanto resoluble.
- Encuadre: intervención con que la persona mediadora trata de predisponer a la parte para que con-

sidere una situación o suceso desde una perspectiva determinada.

- – Confrontación: la persona mediadora describe algunas discrepancias o distorsiones que aparecen en los mensajes y/o conducta de la parte.
- – Inversión de roles: se intenta simular los sentimientos y emociones de la otra parte.
- – Connotación positiva: realizar una reformulación de la información (con tintes negativos) de una parte, destacando los aspectos positivos que pudiera contener.

- Historia alternativa: utilizando puntos de unión extraídos de los relatos de cada parte, crear un nuevo contexto que elimine o reduzca los aspectos negativos del conflicto y en el que las partes se reconozcan.
- Caucus: entrevista individual con una de las partes en caso de bloqueo del proceso. Se utiliza para verificar afirmaciones y facilitar la expresión de ideas o emociones.
- Tender un puente de oro: se facilitan argumentos objetivos que justifican la elección de unos acuerdos y no de otros.
- Subirse al balcón (agente de la realidad): tomar distancia con respecto al conflicto para adoptar perspectivas alternativas a la hora de analizarlo.
- Abogado del diablo: la persona mediadora buscará hacer preguntas para ver por dónde se puede caer el acuerdo. Preguntas tales como: ¿Qué pensará de esto su nueva pareja? se hace para ver si podemos lograr un acuerdo fortalecido, sustentable.

- Observación: de todos los aspectos de la comunicación verbal y no verbal. Ofrece valiosa información sobre cómo las partes vivencian el conflicto y el proceso de mediación.

- La pregunta milagro: consiste en decir a las partes o a una de ellas que imaginen un "futuro mejor" en el que el conflicto que las ha llevado a mediación se ha resuelto definitivamente. Tiene los siguientes objetivos: favorecer que las partes visualicen sus diferencias desde una nueva perspectiva y puedan distanciarse del conflicto, ayudándoles a desbloquear la situación que mantenían; lograr que las partes experimenten el bienestar, la tranquilidad y el alivio que les supone vivir sin los conflictos y las emociones negativas que éste les provoca; facilitar la identificación de los deseos, objetivos e intereses de las partes; y contribuir a un cambio de dinámica

Conceptos relacionados

Asertividad, co-mediación, empatía, encuentro, mediación entre víctima y persona ofensora, modelos teóricos-metodológicos de mediación, narrativa, persona facilitadora, prácticas restaurativas, proceso restaurativo.

Selección bibliográfica

Carbonell Vayá, E. J. y López López, C. 2016. Estrategias, técnicas y herramientas para la mediación penal. En Cervelló Donderis, V. Cuestiones prácticas para la aplicación de la mediación penal. Valencia: Tirant lo Blanch.
Pascual Rodríguez, E., Ríos Martín, J. C., Bibiano Guillén, A. y Segovia Bernabé, J. L. 2008. Coruña: Colex.
Rosenberg, B. M. 2000. Comunicación no violenta. Barcelona: Urano.

TEORÍA DE LA COMUNICACIÓN NO VIOLENTA

El psicólogo Marshall B. Rosenberg define la comunicación no violenta como "una manera de comunicarnos que nos lleva a dar desde el corazón, a conectarnos con nosotros mismos y con otras personas". Enraizada en la psicología humanista y en el concepto de compasión, se integra dentro del paradigma de la no-violencia. La comunicación no violenta parte de la premisa de que todas las personas tienen las mismas necesidades que, una vez satisfechas, generan sentimientos de paz y, en caso contrario, enfado, miedo, frustración o vergüenza. Para cubrir dichas necesidades, cada persona emplea estrategias diferentes, cargadas de condicionamientos socioculturales, de los cuales a menudo no es consciente y que, por tanto, dificultan la interacción comunicacional. Para salvar este obstáculo y crear conexiones interpersonales basada en el respeto y la empatía, la comunicación no violenta propone la expresión honesta y escucha empática de las necesidades propias y ajenas, y para ello, estructura un proceso de cuatro pasos: 1º) Observación: implica que cada persona cuente su narrativa de forma clara, precisa y sin interpretar los hechos, dejando al margen juicios o críticas; 2º) Sentimientos: supone identificar y expresar las emociones y sentimientos que genera la narrativa relatada, distinguiéndolos de pensamientos, creencias u opiniones; 3º) Necesidades: la persona define sus necesidades, que representan valores o principios universales, son transculturales y no quedan supeditados a personas, objetos o acciones (en cuyo caso serían estrategias, no necesidades); y 4º) Peticiones: se transmite de manera precisa, realista, afirmativa y negociable lo que se desea, sin imponer o exigir.

Los principios de la Teoría de la comunicación no violenta se están aplicando en diversos contextos, incluido el ámbito de la justicia restaurativa, concretamente en el desarrollo de los círculos restaurativos que adquieren la siguiente estructura: pre-círculo, donde se exploran las necesidades que se encuentran y las personas que podrían participar; círculo, donde se produce la reunión conjunta con la manifestación de sentimientos y peticiones; y post-círculo, llevado al cabo del tiempo y se valora como se encuentran las personas en relación con las decisiones acordadas.

Conceptos relacionados
Asertividad, círculos, empatía, encuentro reparador, mediación entre víctima y persona ofensora, modelos teóricos-metodológicos de mediación, persona facilitadora, prácticas restaurativas, proceso restaurativo.

Selección bibliográfica
Danet, A. 2020. La comunicación noviolenta entre teoría y práctica. Una revisión sistemática, Vol.13 (1),

Rosenberg, M.B. y Molho, P. 1998. Nonviolent (empathic) communication for health care providers. En *Haemophilia*, v. 4.

Rosenberg, M.B. 2000. *Comunicación no violenta*. Barcelona: Urano.

–   2003. *Nonviolent communication: a language of life*. Encinitas, CA, Puddledancer Press.

Rosenberg, M.B. y Chopra, D. 2015. *Nonviolent communication: a language of life: life-changing tools for healthy relationships.* Encinitas, CA, Puddledancer Press.
López Martínez, Mario (2015) Nonviolence in social sciences: towards a consensual definition. En *Revista de Paz y Conflictos*, v. 8.

TEORÍA DEL ETIQUETAMIENTO (LABELING APPROACH)

Hacia los años setenta del siglo XX en Estados Unidos cobra relevancia una explicación interaccionista del hecho delictivo, que parte de los conceptos de conducta desviada y reacción social. Para esta teoría de la criminalidad, no puede entenderse el delito prescindiendo de la propia reacción social, del proceso social de definición o selección de ciertas personas y conductas etiquetadas como criminales. Delito y reacción social son términos interdependientes, recíprocos e inseparables. La desviación no es una cualidad intrínseca de la conducta, sino una cualidad atribuida a la misma a través de complejos procesos de interacción social, procesos altamente selectivos y discriminatorios. Es el control social el que crea la criminalidad. Por ello, el interés de la investigación se desplaza desde el desviado y su medio hacia aquéllos que le definen como desviado, analizándose fundamentalmente los mecanismos y funcionamiento del control social o la génesis de la norma y no los déficits y carencias del individuo. El control social no se limita solo a detectar la criminalidad y a identificar a la persona infractora, sino que crea o configura la criminalidad, realiza una función constitutiva. Los agentes del control social formal no son meras correas de transmisión de la voluntad general, sino filtros al servicio de una sociedad desigual que, a través de los mismos, perpetúa sus estructuras de dominación y potencia las injusticias que la caracterizan. En consecuencia, la población penitenciaria, subproducto final del funcionamiento discriminatorio del sistema legal, no puede estimarse representativa de la población criminal real —ni cualitativa ni cuantitativamente— como tampoco lo son las estadísticas oficiales.

Desde la teoría del etiquetamiento se apunta a que la resocialización debe orientarse a la modificación de las estructuras sociales, y concretamente del paradigma del control social que etiqueta a determinados sujetos como desviados. La reparación del daño, premisa básica de la justicia restaurativa, puede contribuir en gran medida a la resocialización e incluso a evolucionar dicho concepto, al presuponer la reparación una asunción de la responsabilidad del sujeto que delinque a la vez que produce efectos desestigmatizadores en el mismo, reconociéndose su capacidad de reintegración en la comunidad.

Conceptos relacionados

Control social, criminología crítica, culpabilidad, delito, Derecho Penal del enemigo, estigmatización, reinserción, responsabilidad, reparación, vergüenza reintegradora.

Bibliografía

García-Pablos de Molina, A. 2016. *Criminología. Una introducción a sus fundamentos teóricos*, 8 ed. Valencia: Tirant lo Blanch.

TIEMPO

El tiempo, en el itinerario restaurativo, no tiene una concepción lineal, esto es, no es simplemente hablar sobre el pasado, traer a la víctima y victimario al presente y reflexionar sobre el futuro. El tiempo va en espiral, avanza y retrocede según los impulsos vitales y las propias percepciones y sentimientos de las partes. Por ello, es necesario realizar las siguientes precisiones sobre las diversas conceptualizaciones de la dimensión temporal en el contexto restaurativo:

- Tiempo: espacio temporal dedicado a la intervención restaurativa, desde el primer contacto hasta el fin de la intervención.
- Plazo: periodo de tiempo concreto y limitado del que disponen las personas facilitadoras para llevar a cabo el proceso restaurativo. Puede ser establecido normativa o contractualmente.
- Temporalidad: secuencia ordenada de eventos en el desarrollo del proceso, es la metodología, base de la intervención.
- Conciencia del tiempo: percepciones, sentimientos y experiencias del tiempo de las partes

Conceptos relacionados
Itinerario restaurativo, prácticas restaurativas, proceso restaurativo.

Selección bibliográfica
Crawford, A. 2015, Temporality in restaurative justice: on time, timing and time-consciousness. En *Theoritical Criminology*, 19 (4).

Olalde Altarejos, A. J. 2023. "El tiempo, la temporalidad y su toma de conciencia con las víctimas en justicia restaurativa: reflexiones de un facilitador, en Varona, Gemma, *Repensar la Justicia restaurativa desde la diversidad: claves para su desarrollo práctico e investigación teórica y aplicada*, Tirant lo Blanch, Valencia.

TRABAJOS EN BENEFICIO DE LA COMUNIDAD

Los trabajos en beneficio de la comunidad constituyen una pena privativa de derechos cuya regulación viene recogida en el artículo 49 del CP y cuyo contenido pretende establecer una triple vinculación entre: la naturaleza del delito cometido; los efectos causados con el ilícito penal de que se trate; y la prestación que se encomienda a la persona penada para reparar el daño causado. Frente a la pena de prisión cumple de forma más plena la finalidad de reinserción contenida en el art. 25.2 de la CE al no expulsar a la persona de su propio contexto e impedir la ruptura con su línea de vida para cumplir la condena impuesta. En la medida en que las personas a las que se les ha impuesto participan en determinadas actividades de utilidad pública, a fin de generar conciencia sobre el daño causado, tiene una gran proximidad con la justicia restaurativa. La comunidad es la receptora y beneficiaria directa de las tareas que realizan las personas condenas. Por ello, la sociedad en su conjunto, y los organismos o entidades públicas en particular, tienen en este sentido un rol esencial, una oportunidad importante de contribución social. Así lo indica expresamente el Real Decreto 840/2011, de 17 de junio, por el que se establecen las circunstancias de ejecución de las penas de trabajo en beneficio de la comunidad y de localización permanente en centro penitenciario, de determinadas medidas de seguridad, así como de la suspensión de la ejecución de la penas privativas de libertad y sustitución de penas, refiriendo en su art. 4 que "el trabajo en beneficio de la comunidad será facilitado por la administración estatal, autonómica o local, estableciéndose al efecto los oportunos convenios entre sí". Estos trabajos podrán consistir en actividades relacionadas con el delito cometido por la persona penada, en labores de reparación de los daños causados o de apoyo o asistencia a las víctimas, así como en la participación en talleres o programas formativos, de reeducación, laborales, culturales, de educación vial, sexual y otros similares.

Conceptos relacionados
Comunidad, daño, delito, formas sustitutivas de ejecución penal, reinserción, reparación, responsabilidad.

Normativa
Constitución Española (art. 25.2).
Ley 10/1995, de 23 de noviembre, del Código Penal (art. 49).
Real Decreto 840/2011, de 17 de junio, por el que se establecen las circunstancias de ejecución de las penas de trabajo en beneficio de la comunidad y de localización permanente en centro penitenciario, de determinadas medidas de seguridad, así como de la suspensión de la ejecución de las penas privativas de libertad y sustitución de penas (art. 4).

TUTELA JUDICIAL EFECTIVA Y MEDIACIÓN PENAL INTRAJUDICIAL

El derecho a la tutela judicial efectiva surge como consecuencia de la prohibición de la tutela privada y aparece recogido en la Constitución como derecho fundamental en el art. 24.1 vinculado a la interdicción de la indefensión. Así, dispone: "todas las personas tienen derecho a obtener la tutela judicial efectiva de los jueces y tribunales en el ejercicio de sus derechos e intereses legítimos, sin que, en ningún caso pueda producirse indefensión". Se configura como un derecho prestacional, que demanda de los poderes públicos el establecimiento y mantenimiento de los servicios necesarios para dotarlo de eficacia. Tiene un contenido genérico y complejo que se proyecta a lo largo de todo el proceso penal incluida, además, la fase de ejecución de condena. Involucra el derecho de acceso a los Tribunales, a que la pretensión formulada reciba una respuesta del órgano judicial fundada en derecho, razonada y motivada y al derecho de acceso a los recursos establecidos. La mediación penal intrajudicial que se practica *de facto* en España, se entiende como un mecanismo complementario del proceso que se inserta en la Administración de justicia. No se trata, de que la mediación sustituya a los Tribunales de Justicia en la resolución de los conflictos ni de desplazar el derecho fundamental de la tutela efectiva, sino de utilizar una metodología distinta para la resolución de los mismos que aporta calidad, flexibilidad y humanidad. La mediación operaría en el contexto de un proceso abierto y se erige como la mejor forma de prestar la más completa tutela judicial efectiva, ya que se procede a la plena reparación del daño causado a la víctima y al mismo tiempo, constituye la forma más eficaz de procurar la resocialización de la persona infractora.

Conceptos relacionados
Garantías procesales de la mediación penal intrajudicial, mediación penal intrajudicial, proceso debido (derecho a un).

Normativa
Constitución Española (art. 24.1).

V

VALORES DE LA JUSTICIA RESTAURATIVA

Valores generales:
1. La justicia restaurativa funciona dentro de los límites y la protección de los derechos humanos y el estado de derecho.
2. No discrimina por motivos de género, raza, religión, etnia o sexualidad.
3. Apoya la participación activa de las personas dentro de las sociedades democráticas como ciudadanos activos e iguales.

Valores claves:
1. Justicia: el enfoque de la justicia restaurativa se centra en los daños, ya sea para prevenirlo, así algunas

prácticas restaurativas están diseñadas para prevenir las injusticias involucrando a la gente en relaciones justas; o ya sea para repararlos, como prácticas que deshacen una injusticia a través de personas que se hacen responsables, reparan el daño y actúan para aliviar el sufrimiento y reducir la probabilidad de más daño.

2. Solidaridad: la justicia restaurativa reconoce la interdependencia y diversidad de las personas y la importancia crítica de la calidad de las relaciones con el bienestar individual y la cohesión social. Proporciona una oportunidad para reconectarse y aprender a cumplir con las obligaciones de uno con el bienestar de los demás. Para ello, el proceso de restauración debe permitir a las personas asumir la responsabilidad personal y social de sus palabras y hechos.

3. Respeto a la dignidad de las personas: los procesos restaurativos funcionan porque incluyen a todas las personas afectadas por un daño o riesgo de daño y porque asumen que todos los seres humanos son valiosos y tienen la inteligencia, el conocimiento y las capacidades para abordar los temas que les conciernen. Para que esto sea eficaz, el proceso reparador debe generar la seguridad y el respeto requeridos para que las personas sientan la propiedad del proceso.

4. Verdad: la justicia restaurativa permite a cada persona conocer la verdad de lo acontecido. Además, lo que cuenta cada persona contiene verdad pero puede no ser la verdad completa, que llega a surgir con

el cuestionamiento y el diálogo. Todas las personas participantes de una práctica restaurativa necesitan entender la importancia de decir la verdad y de ser sinceras en sus intenciones y en los compromisos que asumen como resultado del proceso.

Conceptos relacionados

Foro Europeo de Justicia Restaurativa (EFRJ), justicia restaurativa, pilares de la justica restaurativa, prácticas restaurativas, principios de la justicia restaurativa.

Bibliografía

Foro Europeo de Justicia Restaurativa. 2023. *Manual sobre valores y normas de justicia restaurativa para la práctica.* Lovaina.

VENTAJAS DE LA JUSTICIA RESTAURATIVA

Para las víctimas:

- Atiende sus necesidades y les permite recibir atención privilegiada y especializada.
- Les evita la victimización secundaria que tantas veces se produce en el curso de los procedimientos de la justicia formal.
- Les permite ejercer su papel protagonista (empoderamiento) en relación al delito del que han sido víctimas, superando el tradicional papel secundario que a las víctimas se les da en los procedimientos de la justicia formal.
- Les proporciona un reequilibrio de poder entre ella y la persona ofensora.

- Les permite comprender las razones, condiciones y circunstancias de la comisión del delito del que han sido víctimas.
- Les permite recibir las disculpas de la persona ofensora, valorar la asunción de su responsabilidad y su esfuerzo por reparar el daño causado.
- Les brinda la ocasión de expresar sus pensamientos y sentimientos directamente a la persona ofensora.
- Les da la oportunidad de tomar un papel activo en el proceso penal, plantear sus demandas de reparación ante la persona ofensora sin sufrir nuevas agresiones, y participar en la determinación del tipo de reparación o restitución.
- Les ayuda a disipar temores sobre la persona ofensora, sentirse más seguras e intentar cerrar una etapa.

Para las personas ofensoras:

- Les permite enfrentar sus propios actos y las consecuencias, tomando conciencia de los primeros y asumiendo una genuina responsabilidad por las segundas.
- Les ayuda a comprender las causas, razones y condiciones que les llevaron a cometer el delito.
- Les brinda la posibilidad de explicar qué es lo que pasó y por qué pasó.
- Les ayuda a reevaluar sus actuaciones no por el temor al castigo sino por la conciencia de las consecuencias y efectos originados.
- Les da la ocasión de entender las consecuencias que su acción ha tenido sobre la víctima.
- Les da la oportunidad de participar en la decisión sobre la forma y modalidad de la reparación.

- Les facilita ocasiones y posibilidades de ofrecer disculpas, reparar significativamente el daño y asumir el esfuerzo que ello conlleva.
- Les ayuda comprender y aceptar que pertenecer a una comunidad implica la aceptación de reglas.
- Les pone en situación de comprender que el tratamiento digno y respetuoso que se le brinda en el proceso de mediación es parte de lo que la sociedad espera recibir de él/ella.
- Les posibilita que, a través de la reparación del daño, logre superar el estigma del delito y restaurar las relaciones con su comunidad, volviendo a ser valorada como persona y no como un/una criminal.
- Les brinda, en algunos casos, la posibilidad de evitar o atenuar las consecuencias legales del delito, adecuar las penas a imponer o evitar los antecedentes penales, facilitando con todo ellos su reinserción en la comunidad.
- Reduce significativamente la reincidencia.

Para la comunidad:

- Permite a todas las personas afectadas directa o indirectamente por un delito compartir abiertamente sus sentimientos y experiencias.
- Permite a las comunidades comprender las causas profundas de la acción delictiva, promover el bienestar comunitario y prevenir la delincuencia.
- Le permite participar activamente en la resolución de los delitos, generando espacios de seguridad para víctimas y personas ofensoras.

- Le da la oportunidad de reducir el impacto (o su percepción) del crimen en la comunidad.
- Propicia, a partir del manejo de los casos, espacios de fortalecimiento y de una ética de la convivencia.
- Facilita la toma de conciencia de las bases culturales y estructurales de la violencia y el delito, como paso previo para emprender acciones de transformación social.
- Le brinda la posibilidad de acoger y proteger a las víctimas y de abrir espacios de reinserción a las personas ofensoras, así como para superar estigmas y prejuicios.
- Contribuye a instalar en la comunidad una cultura de la paz y de la resolución pacífica de los conflictos.
- Proporciona un empoderamiento de la comunidad en la intervención y resolución de los conflictos que surgen en su seno.

Para el sistema de justicia:

- Aumenta los contactos entre la comunidad y el sistema de justicia, mejora la percepción social de éste y contribuye a legitimar la actuación de los órganos e instituciones encargadas de su mantenimiento.
- Previene la delincuencia y reduce los índices de reincidencia.
- Reduce el tiempo de respuesta a la comisión de los delitos.
- Puede reducir el número de procedimientos encomendados a los órganos de la justicia formal y, consiguientemente, los costes de éste.

- Puede suponer una reducción importante de costes derivados de la ejecución de penas y medidas de naturaleza meramente represiva.

Conceptos relacionados
Comunidad, conflicto, cultura de paz, delito, directrices de la justicia restaurativa, impacto de los programas restaurativos, justicia de paz, justicia restaurativa, persona ofensora, reinserción, reparación, responsabilidad, víctima, victimización.

Selección bibliográfica
UNODC. 2020. *Handbook of Restorative Justice Programmes.* Second Edition. Vienna: United Nations.

VENTANA DE TOLERANCIA

Las personas, para poder enfrentarse a situaciones conflictivas o incluso situaciones traumáticas, de forma calmada y segura, es necesario, no permitir que las emociones asuman el control de las acciones. Para ello, en psicología, se habla de que la mente debe permanecer en "la ventana de tolerancia", cruzar dicho umbral supone entrar en una situación de "secuestro emocional". La ventana de tolerancia es un estado donde las personas tienen la capacidad de afrontar las situaciones críticas y disruptivas de la mejor forma posible. Hay dos formas de cruzar el umbral de la ventana de tolerancia:

Por arriba, denominado hiperactivación, y es cuando una persona experimenta demasiada actividad, en este caso, es sumamente difícil pensar y las acciones son reactivas o impulsivas y aparecen los mecanismos de lucha o huida ante una situación amenazante.

Por abajo, denominado hipoactivación, y es cuando el sistema nervioso está muy poco activado y suele aparecer como mecanismo de defensa, la persona se queda bloqueada y no puede reaccionar.

Cuanto más estrechos son los márgenes de la ventana de tolerancia más probabilidad se tiene de cruzarlos. Todas las experiencias negativas que vamos viviendo a lo largo de nuestra vida y que no sabemos gestionar van creando cicatrices que estrechan la ventana de tolerancia.

Las personas facilitadoras, durante la preparación de un proceso restaurativo, deben tener en cuenta la ventana de tolerancia de las personas participantes, ya que si alguna se encuentra por debajo de la zona óptima de tolerancia, puede no querer participar porque no se halla con las herramientas o la confianza para expresar o reconocer lo sucedido; y por las mismas razones, por encima de la zona óptima de tolerancia, puede que tenga una alta percepción del daño o amenaza y perciba que no existe verdadera voluntad de reparar o de ser reparada.

Conceptos relacionados
Conflicto, diálogo restaurativo, encuentro reparador, persona facilitadora, practicas restaurativas, técnicas de mediación, teoría de la comunicación no violenta.

Selección bibliográfica
Corrigan, F. M., Fisher, J.J. y Nutt, D. J. 2010. Autonomic dysregulation and the window of tolerance model of the effects of complex emotional trauma. En *Journal of Psychopharmacology*, 25(1).

Fine, S. M. 2018. Teaching in the restorative window: authenticity, conviction and critica-restorative pedagogy en the work of one teacher-leadr. En *Harvard Educational Review*, 88(1).

Siegel, D. 2012. The developing mind: How relationships and the brain interact to shape who we are. London:The Guilford Press.

VERGÜENZA REINTEGRADORA

Es la reprobación social expresada dentro de un continuo de respeto a la persona ofensora como persona, se trata de reprobar claramente el acto criminal pero no a la persona autora. Significa la expresión clara de la desaprobación comunitaria al acto cometido, seguida de gestos de reaceptación de la persona que incurrió en tal conducta, tal como ocurre en la familia. Las sanciones impuestas por parientes, amigos o una personalidad relevante de la colectividad son más eficientes que las impuestas por una remota autoridad. La vergüenza reintegradora previene el crimen a través de varios mecanismos que pueden sintetizarse así:

- Previene especialmente porque la persona ofensora tiene miedo a ser avergonzada nuevamente a los ojos de sus íntimos, más que por el miedo a un castigo formal.

- Previene generalmente porque los demás huyen de esa vergüenza ante sus seres queridos.

- Ambas prevenciones son más fuertes que la mera estigmatización dura y fría y aumenta su eficacia en cuanto más estrechos y fuertes sean sus vínculos con los demás.

- Esta vergüenza íntima no se vuelca sobre el grupo desviado si lo hay.
- La gente cumple la ley todo el tiempo, la mayor parte de su vida, no por miedo al castigo, por lo que no es bueno que éste se convierta en el motivo de nuevas violaciones.
- Combinando vergüenza con arrepentimiento, se logra el olvido y el perdón y por lo tanto la paz, a la que debe tender la organización social.
- Involucra a la persona haciéndola aborrecer el crimen, dándole mayor participación y protagonismo.
- El remordimiento de conciencia es el mayor castigo.
- La vergüenza aparece como el más importante instrumento que debe usarse cuando la conciencia falla.
- A su vez la vergüenza es el propio proceso social que ayuda a construir la conciencia.
- La socialización obtenida en el medio familiar, por este mecanismo de vergüenza reintegradora, debe extenderse a la sociedad global fomentando el control interior que hace nacer en la conciencia de la persona.
- No debe exagerarse en la vergüenza infligida sino que debe haber un continuum entre la vergüenza, los gestos de olvido y las ceremonias de reintegración.

La justicia punitiva opera a través de la ceremonia de degradación que cae en el ámbito de la sociología de la indignación moral. La indignación moral es un afecto que cuenta con la vergüenza, la culpa y el aburrimiento como instancias de la mayor importancia. La indignación moral sirve para efectivizar la destrucción ritual de la persona denunciada. Por el contrario, la ceremonia de reintegración, proyección de la vergüenza reintegradora e instrumento de la justicia restaurativa, sirve para reintegrar a la persona ofensora y reduce los crímenes, funciona del siguiente modo: desaprobando el acto pero respetando a la persona infractora a través de sucesivas ceremonias de degradación/reintegración; estigmatizando al mal no al malhechor; impidiendo que la desviación se convierta en un estatus; y hay más reintegración cuanto más interdependencia exista entre la persona/s que desaprueban y la persona desaprobada. Por el contrario, la vergüenza es desintegradora, estigmatizante cuando hay: desaprobación con humillación; solo ceremonias de degradación; estigmatiza a la persona; permite que se instale la desviación secundaria y de comienzo a una carrera criminal.

Tabla 16. Contraposición entre la ceremonia de degradación y la ceremonia de reintegración

Ceremonia de degradación	Ceremonia de reintegración
Hecho y persona infractora son removidos del ámbito de lo cotidiano y percibidos como abyectos y excluidos de lo ordinario.	El hecho se califica delictivo y no define totalmente al infractor.
Hecho y persona infractora quedan definidos en función de categorías homogéneas y estereotipadas. A la persona infractora se le despoja de cualquier característica excepcional e individual, para poder ser observado en referencia a una contra concepción (los rasgos de un asesino despiadado invierten los de un ciudadano pacífico).	La persona infractora se define de forma múltiple y dinámica. No se le incluye en una categoría homogénea con un contraste disponible.

Ceremonia de degradación	Ceremonia de reintegración
La acusación representa el interés público. No representa una experiencia única y personal sino una experiencia común.	Se reconoce el interés de la víctima de forma particular.
La acusación hace visible la dignidad de los valores suprapersonales y la denuncia se realiza en nombre de éstos.	La denuncia del hecho se hace en nombre y por la víctima.
La acusación tiene el derecho a la palabra en nombre de valores suprapersonales.	La víctima tiene la palabra y el poder para controlar el proceso y hacer valer sus necesidades.
La acusación debe conseguir ser definido por las víctimas como un portador de valores surprapersonales.	La persona infractora ha causado un delito que atenta en primer lugar contra un el interés de la víctima y en segundo lugar contra valores suprapersonales.
La acusación debe moverse dentro de una gran distancia de la persona infractora, de la víctima y de los testigos.	Se debe fomentar la empatía entre todas las partes involucradas en el delito.
La persona infractora debe ser separado ritualmente del orden legítimo, siendo definido por su posición contraria a dicho orden. Debe ser señalado como un extraño.	A la separación entre la pesona infractora y la víctima debe seguir su inclusión ritual que les sitúen dentro del orden comunitario.

Fuente. Elaboración propia a partir de Braithwaite, 1989

Conceptos relacionados
Control social, criminología crítica, culpabilidad, daño, delito, estigmatización, justicia terapéutica, perdón, persona ofensora, responsabilidad, víctima.

Selección bibliográfica

Braithwaite, J. 1989. *Crime, Shame and Reintegration.* Cambridge: Cambridge University Press.
Varona Martínez, G. 2020. *Caminando restaurativamente.* Madrid: Dykinson.

VETOS A LA MEDIACIÓN PENAL INTRAJUDICIAL

La mediación penal intrajudicial, en el sistema penal de adultos[14], está vedada, en todo caso, en los delitos de violencia de género y en los delitos contra la libertad e indemnidad sexual. Así queda dispuesto en el art. 3.1 *in fine* del EV (art. modificado por la disposición final undécima de la ley orgánica 10/2022, de 6 de septiembre, de garantía integral de la libertad sexual). El veto a la mediación en violencia de género fue introducido por la LO 1/2004 en el último número del art. 87, ter de la LOPJ, norma que regula las competencias de los Juzgados de Violencia sobre la Mujer. Los argumentos esgrimidos para el veto en los supuestos de violencia de género extrapolables a la violencia sexual son, básicamente, dos: primero, el desequilibrio de poder es consecuencia consustancial de la violencia ejercida en el ámbito doméstico, por lo que la mediación practicada en este con-

---

[14]   En el sistema penal juvenil, sí puede darse mediación en supuestos de violencia de género y violencia sexual con determinados requisitos. *Vid.* la voz Mediación penal juvenil.

texto llegaría a poner en riesgo la integridad física de la víctima; y segundo, el desequilibrio de poder de la mujer respecto del hombre que ejerció la violencia, le lleva a ocupar una posición de inferioridad en las negociaciones lo que imposibilitaría en todo caso la mediación.

Los contraargumentos blandidos son los siguientes: en primer lugar, el proceso de mediación es libre, consciente y voluntario, de cuya concurrencia se encarga la persona mediadora, como una de sus principales tareas, así como otra de sus principales tareas es descartar la presencia de impedimentos subjetivos u objetivos que hagan inviable la mediación y determinar la técnica más apropiada atendidas las específicas circunstancias concurrentes, lo que incluye optar, en su caso, por la denominada mediación indirecta, que descarta el encuentro físico entre el ofensor y la víctima de la infracción; en segundo lugar, el modelo de mediación penal que se practica en nuestros Juzgados y Tribunales, constituye un método de solución dialogada de conflictos que, situando a los interesados en el centro del proceso, fomenta el refuerzo de sus capacidades y habilidades personales, amplificándolas y extendiéndolas a sus relaciones familiares y sociales. Quizá sería oportuno valorar si las decisiones proteccionistas que se adoptan para neutralizar a la persona ofensora, en realidad, no estarán contribuyendo a aislar a la víctima, perpetuando su situación de inferioridad y desvalimiento e impidiendo, en suma, que adquiera o recupere las habilidades de relación indispensables para tomar las riendas de su vida y de su destino.

Conceptos relacionados
Delito, delitos mediables, derechos de las víctimas del delito, Estatuto de la víctima, mediación penal intrajudicial, victimización.

Normativa
Ley Orgánica 6/1985, de 1 de julio, del Poder Judicial (art. 87 ter).
Ley Orgánica 1/2004, de 28 de diciembre, de medidas de protección integral contra la violencia de género (art. 44.5).
Ley 4/2015, de 27 de abril, del Estatuto de la víctima del delito (art. 3.1).
Ley 10/2022, de 6 de septiembre, de garantía integral de la libertad sexual (Disposición final undécima).

VÍA NANCLARES

Mediación penal en prisión para aquellos presos etarras que habían decidido dar una serie de pasos inequívocos hacia el final de la violencia. Fue un trabajo escalonado que comenzó en 2009, con el alejamiento del entorno de la banda; la aceptación de la política penitenciaria; la salida del colectivo de presos; la renuncia pública a ETA y al uso de la violencia; la petición de perdón a las víctimas y el compromiso de repararlas; así como el compromiso de colaborar con la justicia. Esta distancia se manifiesta de forma oficial, primero de forma verbal y después mediante un escrito remitido a las autoridades del centro penitenciario donde se hallaban ubicados. La respuesta oficial desde Instituciones Penitenciarias fue: traslado de los presos a alguna cárcel más cercana a Euskadi (El

Dueso, Burgos, Villabona o Zuera); y la posibilidad de aplicarles lo dispuesto en el artículo 100.2 del Reglamento Penitenciario, que permite conceder beneficios propios de un tercer grado. Se acogieron 23 presos de 689 y fueron trasladados a la cárcel de Nanclares de la Oca (Álava).

El siguiente paso, fue la implementación de un programa de justicia restaurativa que contenía dos propuestas: Talleres y Encuentros, siendo la primera el paso para la segunda. Las premisas de participación eran las siguientes: No tenían efectos sobre la ejecución de la condena.

- Participación absolutamente voluntaria para víctimas y personas presas. Cualquiera podía desistir en cualquier momento de la continuidad del proceso restaurativo.

- Únicamente podían participar víctimas mayores de 18 años.

- Las personas presas debían asumir la responsabilidad moral de sus actos y declarar formalmente su intención de no causar ningún daño.

- La persona facilitadora no imponía ninguna solución o expectativa y no garantizaba ningún resultado.

- La persona facilitadora era la responsable de interrumpir el diálogo si aparecían actitudes o acciones de carácter disruptivo o destructivo.

- Las víctimas recibían apoyo directo de la Dirección de Atención a las Víctimas del Terrorismo del Gobierno Vasco.

- Los encuentros que se realizan dentro de la prisión eran coordinados con responsables de la institución penitenciaria.

En los meses de octubre y noviembre de 2011 se celebró en el Centro Penitenciario de Nanclares de la Oca un espacio de debate al que se denominó "Taller de convivencia". Consistieron en doce ponencias, con la asistencia de diez etarras y a una de ellas asistieron dos víctimas. Los objetivos eran: proporcionar la formación e información demandada por los internos; permitir un debate informado entre los internos y con agentes externos; y facilitar la concreción de propuestas en torno a la contribución que el colectivo de internos podía realizar a la reconstrucción de la convivencia social en Euskadi. Se alcanzó el compromiso de colaborar en el reconocimiento y la reparación a las víctimas, mediante la concesión de entrevistas, la publicación de artículos y comunicados, la participación en homenajes a víctimas de ETA, la participación en foros públicos, etc.

Posteriormente, se llevaron a cabo los Encuentros, un acercamiento protocolarizado a las víctimas, encabezado por Mercedes Gallizo (Secretaría de IIPP) y Txema Urquijo (asesor de la Dirección de Atención a las Víctimas del Terrorismo del Gobierno del País Vasco), junto con la mediadora Esther Pascual para que llevara a cabo el proceso restaurativo. Pascual comenzó a entrevistarse con los presos, fue un trabajo lento ya que a muchos les costaba entrar a analizar sus vidas. El tema de las emociones no lo tenían trabajado pues para matar a una persona tenían que anular sus sentimientos. En paralelo, la

Dirección de Atención a Víctimas del Gobierno vasco convocó otra reunión con las víctimas interesadas y se les explicó el programa. Pascual se reunió con ellas también. En mayo de 2011 se realizaron los cuatro primeros encuentros, de los trece que se realizaron (diez encuentros mediados, dos sin mediar y uno por carta).

Conceptos relacionados
Asistencia a la víctima, daño, delito, derechos de las víctimas del delito, Estatuto de la víctima, itinerario restaurativo, resilencia, responsabilidad, víctima, victimización.

Selección bibliográfica
Pascual Rodríguez, E. (coord.) 2013. *Los ojos del otro. Encuentros restaurativos entre víctimas y ex miembros de ETA*. Cantabria: Sal Terrae.

VÍCTIMA

Según la Sociedad Vasca de Victimología, víctimas son aquellas personas que individual o colectivamente han sufrido daños físicos o psíquicos, pérdida financiera, patrimonial o menoscabo en sus derechos fundamentales como persona, todo ello independientemente de que la justicia juzgue o no al delincuente o de la relación entre víctima y persona ofensora. Según Echeburúa hay que tener en cuenta dos componentes: a) un elemento objetivo: una víctima es cualquier persona que haya sufrido directa o indirectamente (en el caso de sus familiares cercanos) un hecho traumático producido por un accidente, una catástrofe natural o una agresión humana, independientemente de que haya sido declarada formalmente como delito por parte de la justicia; y b) un elemento subjetivo: una víctima es la persona que, en función del suceso traumático, experimenta una interferencia negativa en su vida cotidiana (reacciones emocionales graves, incapacidad de rehacer su vida, dificultades para establecer proyectos de futuro, etc.).

Tabla 17. Daños psíquicos en víctimas de delitos violentos

Sentimientos negativos: humillación, vergüenza, culpa o ira
Ansiedad
Preocupación constante por el trauma, con tendencia a revivir el suceso
Depresión
Pérdida progresiva de confianza personal
Disminución de la autoestima
Pérdida de interés en actividades anteriormente gratificantes
Cambios en el sistema de valores
Hostilidad, agresividad, abuso de drogas
Modificación de las relaciones (dependencia emocional, aislamiento)
Aumento de la vulnerabilidad
Cambio drástico en el estilo de vida
Alteraciones en el ritmo y en el contenido del sueño

Fuente. Elaboración propia a partir de Esbec, 2000

Las víctimas pueden ser:

- Directas: son aquellas que han sufrido directamente el suceso traumático. En el caso de los delitos, los daños psicológicos son muy relevantes, puesto que se pierde la confianza en las demás personas, no se entiende por qué ha ocurrido y se pueden mantener durante mucho tiempo sentimientos de venganza, ira o rencor.

- Indirectas: son aquellas personas que sufren por las consecuencias del suceso traumático que ha sufrido una persona allegada.
- Subrogatorias: son aquellas personas de confianza designadas por la víctima directa para que la represente en el proceso restaurativo.
- No vinculadas: son aquellas personas afectadas por la lesión de bienes jurídicos similares a aquellos dañados por el delito cometido.
- Vicarias: son aquellas personas que son dañadas con el objetivo de menoscabar a otra persona que es considerada por la persona ofensora como su objetivo principal.

La justicia restaurativa tiene un especial interés por aquellas necesidades de las víctimas que no son atendidas adecuadamente por el sistema de justicia penal. Es frecuente que las víctimas se sientan ignoradas, abandonadas e, incluso, hasta atropelladas por los procesos judiciales. El crimen es definido como un perjuicio contra el Estado, de modo que éste toma el lugar de la víctima. Sin embargo, las verdaderas víctimas tienen necesidades específicas que la justicia debe satisfacer. Hay cuatro tipos de necesidades que suelen quedar desatendidas:

- Información: las víctimas necesitan que sus preguntas acerca del crimen sean respondidas, necesitan información real, y para ello es necesario tener acceso directo o indirecto a las personas ofensoras.

- Narración de los hechos: un elemento importante en el proceso de recuperación después de un crimen, es tener la posibilidad de relatar la historia de lo que sucedió. Trascender a estas experiencias implica "reescribir la historia". También, muchas veces, es importante que las víctimas tengan la oportunidad de narrar los acontecimientos a aquellas personas que les causaron el daño y, así, puedan hacerles entender el impacto que tuvieron sus acciones.

- Control: es frecuente que las víctimas sientan que los delitos sufridos les han arrebatado el control de sus vidas. La oportunidad de involucrarse en su propio caso en el transcurso del proceso judicial puede ser un aporte importante para que las víctimas recuperen un sentido de control.

- Restitución o reivindicación: la restitución por parte de las personas ofensoras resulta ser importante para las víctimas, lo que a veces se debe a las pérdidas materiales en sí. Sin embargo, la restitución es un signo o síntoma de una necesidad más básica, la necesidad de reivindicación.

Conceptos relacionados

Asistencia a la víctima, daño, delito, derechos de las víctimas del delito, Estatuto de la víctima, itinerario restaurativo, Oficina de Atención a las Víctimas, prácticas restaurativas, proceso restaurativo, reparación, resilencia, sanación, suceso traumático, victimización.

Selección bibliográfica

Echebúrúa, E., Corral, P. y Amor, P.J. 2002. Evaluación del daño psicológico en las víctimas de delitos violentos. En *Psicothema*, 14.

Esbec, E. 2000. Evaluación psicológica de la víctima. En Esbec, E. y GómezJarabo, G. *Psicología forense y tratamiento jurídico-legal de la discapacidad*. Madrid: Edisofer.

Tamarit Sumalla, J. M. 2006. La Victimología: cuestiones conceptuales y metodológicas. En Baca, E., Echeburúa, E. y Tamarit, J. M. (eds.). *Manual de Victimología*. Valencia: Tirant lo Blanch.

Zehr, H. 2002. *The Little book of Restorative Justice*. Intercourse, Pennsylvania: Good Books

VICTIMIZACIÓN

Es el proceso por el que una persona se convierte en víctima. Según Burt una persona deviene en víctima cuando pasa por las siguientes etapas: 1) la persona ha sufrido daños, ofensas o sufrimiento causados por otras personas o instituciones; 2) la persona se autodefine como víctima; 3) la persona trata de que alguien más reconozca el daño que ha sufrido y que valide la reclamación de que ha sido victimizada; y 4) la persona recibe la validación a su demanda del rol de víctima. De esta forma, serán consideradas víctimas reales y oficiales a ojos de la sociedad, y podrán recibir asistencia y compensación.

Los tipos de victimización son los siguientes:

• Victimización primaria:

Es el proceso por el que una persona sufre, de modo directo o indirecto, daños físicos o psíquicos derivados de un hecho delictivo o acontecimiento traumático. Esta victimización deriva directamente del hecho violento. La víctima, considerada en este caso como sujeto pasivo de un delito, experimenta unas consecuencias físicas, psicológicas, económicas, sociales, etc. que van más allá de la afectación al bien jurídico protegido.

• Victimización secundaria:

Constituye el conjunto de costes personales que tiene para la víctima de un hecho delictivo su intervención en el proceso penal en el que éste es objeto de enjuiciamiento. Por lo tanto, esta victimización proviene de la relación posterior establecida entre la víctima y el sistema jurídico-penal (policía o sistema judicial) o, por extensión, unos servicios sociales defectuosos. La victimización secundaria puede derivar de la mala práctica en diferentes áreas y ámbitos: interrogatorios policiales o judiciales, exploración médico-forense, contacto con la persona agresora en el juicio oral, intentos por parte de la persona acusada de responsabilizar a la víctima por el hecho cometido, tratamiento morboso del suceso y presentación de datos personales y de la vida de las víctimas por parte de los medios de comunicación, etc.

• Victimización terciaria:

Es el conjunto de costes de la penalización sobre quien la soporta personalmente o sobre terceros. Tiene que ver con: los niveles de ansiedad de las personas internas en centros penitenciarios; el hacinamiento y sobrepoblación de los centros penitenciarios; las agresiones físicas, psíquicas o sexuales que pueden darse; mafias y normas internas que controlan los más fuertes; problemas para reinsertarse en una sociedad hostil; sufrimiento de las hijas/hijos de mujeres encarceladas que conviven con sus madres en prisión; o el impacto del encarcelamiento sobre las personas que dependen económica o emocionalmente de la persona penada.

- Victimización mediática:

Se produce cuando por la tipología del delito, por la persona autora, por la víctima, por la alarma social o por ciertas características, el caso trasciende a la opinión pública como consecudncia de los medios de comunicación que provocan la mediatización del proceso. Los detalles del caso adquieren un cariz público, obligando a la víctima a revivir una y otra vez el suceso traumático, afectando a su autoestima, quien se convierte en objetivo del escrutinio de la opinión pública. Además, se trataría de una victimización transversal, ya que afectaría no solo a la víctima sino al proceso judicial completo.

Tabla 18. Riesgo de victimización secundaria en diferentes ámbitos de trabajo

Colectivo	Interés	Riesgo
Policía	Trámites burocráticos. Esclarecimiento de los hechos.	No informar a la víctima adecuadamente de la investigación.
Médicos forenses	Búsqueda de las pruebas.	Prueba pericial que puede cuestionar la salud mental o credibilidad de la víctima.
Jueces	Aplicar el ordenamiento jurídico. Perseguir a los culpables.	No proteger suficientemente a las víctimas. Poner en duda la declaración de la víctima.

Sistema de justicia	Resolver la denuncia.	Repetición de declaración y exploración. Dilación en el sistema de justicia. Demora en la conclusión del proceso. Tildar de mentirosa a la víctima.
Juicio oral	Resolver la denuncia con la presencia de las partes.	Revivir el hecho en público enfrentándose a preguntas poco delicadas.
Medios de comunicación	Publicar información sobre asuntos de interés público. Incrementar los niveles de audiencia.	Realizar juicios paralelos. Filtrar la intimidad de la víctima. Buscar una justificación a lo ocurrido.
Ámbitos asistenciales	Lograr que la víctima se recupere física y psicológicamente.	Quitar importancia a las quejas de la víctima. Considerar que está simulando síntomas. No respetar los tiempos en su proceso de recuperación.

Fuente. Elaboración propia a partir de Echeburúa, 2004

Conceptos relacionados

Asistencia a la víctima, control social, delito, derechos de las víctimas del delito, Estatuto de la víctima, justicia de paz, justicia procedimental, justicia restaurativa, Oficina de Atención a las Víctimas, reparación, resilencia, sanación, suceso traumático, victima.

Selección bibliográfica

Burt, M. R. 1983. A conceptual framework for victimological research. En *Victimology*, n° 8.

Echeburúa, E. 2004. *Superar un trauma. El tratamiento de las víctimas de sucesos violentos*. Madrid: Pirámide.

Herrero, C. y Garrido, E. 1999. *La criminología aplicada II*. Madrid: Consejo General del Poder Judicial.

Luna Álvarez, E. 2023. *Análisis crítico de la regulación y aplicación de la mediación penal en el ordenamiento jurídico español*. Valencia: Tirant lo Blanch.

Tamarit, J. M. 2006. La Victimología: cuestiones conceptuales y metodológicas. En Baca, E., Echeburúa, E. y Tamarit, J. M. (eds.). *Manual de Victimología*. Valencia: Tirant lo Blanch.

MARCO NORMATIVO

NACIONES UNIDAS:

Carta de los Derechos Humanos, de 26 de junio de 1945, Capítulo VI, art. 34, establece para la solución de controversias "la negociación, la investigación, la mediación, la conciliación, el arbitraje, el arreglo judicial, el recurso a organismos o acuerdos regionales u otros medios pacíficos a su elección".

Declaración de Principios básicos de justicia para las Víctimas del Delito y Abuso de Poder (A/RES/40/34) adoptada por la Asamblea General de las Naciones Unidas el 29 de noviembre de 1985, menciona expresamente la importancia de la mediación, conciliación y reparación como formas de justicia para las víctimas.

Resolución 1999/26, de 28 de julio, del Consejo Económico y Social, sobre el desarrollo y la implementación de la mediación y las medidas de la Justicia Restaurativa en la Justicia criminal.

Declaración y Programa de Acción sobre una Cultura de Paz (A/ RES/53/243) adoptada por la Asamblea General de las Naciones Unidas el 6 de octubre de 1999.

Resolución 2000/14, de 27 de julio, del Consejo Económico y Social, sobre principios básicos del uso de la Justicia Restaurativa en los procesos criminales, que anima el intercambio y experimentación en el ámbito de la mediación penal.

Declaración de Viena sobre la delincuencia y la justicia: frente a los retos del siglo XXI (A/RES/55/59) adoptada por la Asamblea General de las Naciones Unidas el 17 de enero de 2001.

Informe del Secretario General del Consejo Económico y Social de las Naciones Unidas, de 7 de enero de 2002, sobre la reforma del sistema de justicia penal: logro de la eficacia y la equidad.

Standards y normas para la prevención del crimen y la Justicia criminal, Comisión dePrevención del Crimen y Justicia Criminal, de 18 de abril de 2002, sobre Principios básicos sobre e luso de los programas de Justicia Restaurativa en los procesos criminales.

Resolución 2002/12, de 24 de julio, del Consejo Económico y Social de las Naciones Unidas, sobre principios básicos para la aplicación de programas de justicia restaurativa en materia penal.

CONSEJO DE EUROPA:

Recomendación Nº R (85) 11 del Comité de Ministros del Consejo de Europa a los Estados miembros, de 28 de junio de 1985, relativa a la posición de la víctima en el marco del proceso penal y el derecho penal.

Recomendación N° R (87) 20 del Comité de Ministros del Consejo de Europa a los Estados miembros, de 17 de septiembre de 1987, sobre las reacciones sociales ante la delincuencia juvenil.

Recomendación N° R (87) 21 del Comité de Ministros del Consejo de Europa a los Estados miembros, de 17 de septiembre de 1987, sobre la asistencia a las víctimas y la prevención de la victimización.

Recomendación N° R (99) 19, del Comité de Ministros del Consejo de Europa a los Estados miembros, de 15 de septiembre de 1999, relativa a la mediación penal.

Recomendación Rec (2006) 2 del Comité de Ministros del Consejo de Europa a los Estados miembros, de 11 de enero de 2006, sobre las reglas penitenciarias europeas.

Recomendación Rec (2006) del Comité de Ministros del Consejo de Europa a los Estados miembros, de 14 de junio de 2006, sobre asistencia a víctimas del delito.

Recomendación Rec (2010) 1 del Comité de Ministros del Consejo de Europa a los Estados miembros, de 20 de enero de 2010, sobre las reglas del Consejo de Europa relativas a la probation.

Recomendación Rec (2017) 3 del Comité de Ministros del Consejo de Europa a los Estados miembros, de 22 de marzo de 2017, relativa a las reglas europeas sobre las sanciones y medidas aplicadas en la comunidad.

Recomendación Rec (2018) 8 del Comité de Ministros del Consejo de Europa a los Estados miembros, de 3 de octubre de 2018, en materia de justicia restaurativa penal.

Directrices del Consejo de Ministros del Consejo de Europa sobre Erradicación de la Impunidad para Violaciones Graves de Derechos Humanos de 2011, establece la necesidad de que los Estados adopten las medidas apropiadas para establecer mecanismos efectivos y accesibles que aseguren que las víctimas reciben una reparación pronta y adecuada por el daño sufrido.

UNIÓN EUROPEA:

Directiva 2012/29/UE del Parlamento Europeo y del Consejo, de 25 de octubre de 2012, por laque se establecen normas mínimas sobre los derechos, el apoyo y la protección de las víctimas de delitos, y por la que se sustituye la Decisión marco 2001/220/JAI del Consejo relativa al estatuto de la víctima en el proceso penal.

LEGISLACIÓN ESPAÑOLA:

Ley Orgánica 6/1985, de 1 de julio, del Poder Judicial (art. 87 ter 5). Ley 10/1995, de 23 de noviembre, del (art. 84. 1. 1º).

Ley Orgánica 5/2000 de Responsabilidad Penal del Menor (art. 19).

Real Decreto 1774/2004, de 30 de julio, por el que se aprueba el Reglamento de la Ley Orgánica 5/2000, de 12 de enero, reguladora de la responsabilidad penal de los menores.

La ley 4/2015, de 25 de abril, del Estatuto de la Víctima del Delito.

Ley Foral 4/2023, de 9 de marzo, de justicia restaurativa, mediación y prácticas restaurativas y comunitarias.

BIBLIOGRAFÍA

Aertsen, I. 2000. Mediación de víctimas y ofnsores en Bélgica. En el Foro Europeo para la Mediación de Víctimas-Delincuentes y Justicia Restaurativa (ed.). *Mediación de víctimas y ofensores en Europatrabajando en justicia restaurativa*. Leuven: Leuven University Pres.

Álvarez Ramos, F. 2008. Mediación penal juvenil y otras soluciones extrajudiciales. En *International e-Journal of Criminal Science,* nº 2.

Alzate Sáez de Heredia, R. 1998. *Análisis y Resolución de Conflictos. Una perspectiva psicológica.* Bilbao: UPV/EHU.

Alzate Sáez de Heredia, R., Fernández Villanueva, I. y Merino Ortiz, C. 2013. Desarrollo de la cultura de paz y la convivencia en el ámbito municipal: la mediación comunitaria. En *Política y Sociedad,* 50, nº 1.

Agudo Fernández, E., Jaén Vallejo, M. y Perrino Pérez, A. L. 2016. *La víctima en la justicia penal. El Estatuto jurídico de la víctima del delito.* Madrid: Dykinson.

Amar Amar, J. A. y Alcalá Castro, M. 2001. *Políticas sociales y modelos de atención integral a la infancia.* Barranquilla: Uninorte.

Arendt, H. 2007. *La condición humana.* Buenos Aires: Paidós.

Barnett, R. E. 1977. Restitution: A new Paradigm for Criminal Justice. En *87 Ethics,* 279.

Barona Vilar, G. 1999. *Solución extrajudicial de conflictos. Alternative dispute resolution (adr) y derecho procesal.* Valencia: Tirant lo Blanch.

- 2011. *Mediación penal, fundamento, fines y régimen jurídico.* Valencia: Tirant lo Blanch.

- 2018. *Nociones y principios de las ADR (Solución Extrajudicial del Conflictos).* Valencia. Tirant lo Blanch.

Becoña, E. 2006. Resiliencia: Definición, características y utilidad del concepto. En *Psicopatología y Psicología Clínica,* 11(3).

Beristáin Ipiña, A. 2000. El juez prohíbe al victimario su aproximación a las víctimas y ¿le obliga a atenderlas? (arts. 57 y 49 del Código Penal). En *Derecho Penal y Criminología,* vol. 21, nº 70.

- 2004. Las víctimas y el perdón...: hacia la superación del trauma. En Echeburúa, E. *Superar un trauma. Tratamiento de las víctimas de sucesos violentos.* Madrid: Pirámide.

Berlanga, A. 2016. La mediación policial. En Cervelló Donderis, V. (Dir.) *Cuestiones prácticas para la aplicación de la mediación penal.* Valencia: Tirant lo Blanch.

Bernuz Benítez, M. J. (2014). "La legitimidad de la justicia de menores: entre justicia procedimental y justicia social", InDret, nº 1.

Bitel, M., y Edgar, K.(1998). Offending prisoners onalternatives to violence. Prison Service Journal, 118.

Bodelón-González, E. 2007. Mujer inmigrante y sistema penal en España. La construcción de la desigualdad de género en el sistema penal. En Samaranch-Alameda, E. y Bodeloón González, E. *Un enfoque socio-jurídico y de género.* Madrid: Dykinson.

Braithwaite, J. 1989. *Crime, Shame and Reintegration.* Cambridge: Cambridge University Press.

- 2011. Delito, vergüenza y reintegración. En *Delito y sociedad: revista de ciencias sociales,* nº 32.

Brandoni, F. (Comp.). 2011. *Hacia una mediación de calidad.* Buenos Aires: Paidós.

Burt, M. R. 1983. A conceptual framework for victimological research. En *Victimology,* nº 8.

Bush, R. A. B. y Folger, J. P. 1994. *The promise of mediation: Responding to conflict through revalorización and re-cognition.* San Francisco: Jossey-Bass Publishers.

Caballo Manrique, V. E. 1983. Asertividad: definiciones y dimensiones, en *Estudios de Psicología,* nº 13.

Calvo Soler, R. 2023. La justicia restaurativa. Un nuevo punto de partida, un nuevo punto de llegada, en Varona Martínez, G. *Repensar la justicia restaurativa desde la diversidad: claves para su desarrollo práctico e investigación teórica aplicada.* Valencia: Tirant lo Blanch.

Cancio Meliá, M. y Jakobs, G. 2005. *Derecho penal del enemigo.* Bogotá: Universidad del Externado de Colombia.

Carbonell Vayá, E. J. y López López, C. 2016. Estrategias, técnicas y herramientas para la mediación penal. En Cervelló Donderis, V. *Cuestiones*

Carey, M. (1998). "A voluntary organization in the prison system ... Inside Out Trust" en Dhami, Mandeep & Mantle, Greg & Fox, Darrell. (2009). "Restorative justice in prisons. Contemporary Justice Review". 12(4).

Carpena Casajuana, A. 2016. *La empatía es posible: educación emocional para una sociedad empática*. Bilbao: Desclee de Brouwer.

Casanovas i Romeu, P., Magre Ferrán, J. y Lauroba Lacasa M. E. 2011. *Libro Blanco de la Mediación en Cataluña*. Barcelona: Generalitat de Catalunya.

CEPAIM (s.f.). Mediación intercultural en el ámbito penitenciario. Recuperado de: https://lc.cx/zxVXWG. Fecha de consulta: 16/11/2023.

Cervelló Donderis, V. 2013. Principios y garantías de la mediación penal desde un enfoque resocializador y victimológico. En *Revista Penal*, nº 31.

- 2016. La mediación en el sistema penal español. En Cervelló Donderis, V. (Dir.). En *Cuestiones prácticas para la aplicación de la mediación penal*. Valencia: Tirant lo Blanch.

CGPJ. 2007. Conclusiones del seminario "Justicia reparadora: mediación penal y su introducción en el ordenamiento penal español" (SE-07047). Madrid.

- 2016. *Guía para la práctica de la mediación intrajudicial*. Madrid: CGPJ. Disponible en: https://cutt.ly/1zRIpkN.

Christie, N. 1977. Conflicts as property. En *The British Journal of Criminology,* vol. 17, nº 1.

- 2004. *Una sensata cantidad de delito.* Buenos Aires: Editores del Puerto.

- 2013. La definición del comportamiento violento. En *Delito y Sociedad: Revista de Ciencias Sociales,* nº 36.

- 2019. *Los límites del dolor.* Santiago: Olejnik.

Claassen, R. 1996. Restorative Justice Principles: Restorative Justice Primary Focus on People, not Procedures. En *Center for Peacemaking and Conflict Studies.*

Cobb, S. 1997. Una perspectiva narrativa de la mediación: hacia la materialización de la metáfora del "narrador de historias". En Jones, T. S. y Folger, J. P. (coord.). *Nuevas direcciones en mediación: investigación y perspectivas comunicacionales.* Buenos Aires: Paidós.

Cobler Martínez, E., Gallardo Campos, R. A. y Pérez Montiel, J. 2014. *Mediación policial. Teoría para la gestión del conflicto.* Madrid: Dykinson.

Comisión Europea para la Eficiencia de la Justicia del Consejo de Europa. 2007. *Guía para una mejor implementación de las recomendaciones concernientes a la mediación en materia penal.* Disponible en https:// cutt.ly/Uldn-2GC.

Consejo de Seguridad de las Naciones Unidas. 2004. *El Estado de derecho y la justicia de transición en las sociedades que sufren o han sufrido conflictos.* Disponible en: https://cutt.ly/9zrOIeA.

Corrigan, F. M., Fisher, J.J. y Nutt, D. J. 2010. Autonomic dysregulation and the window of tolerance model of the effects of complex emotional trauma. En *Journal of Psychopharmacology*, 25(1).

Crawford, A. 2015, Temporality in restaurative justice: on time, timing and time-consciousness. En *Theoritical Criminology*, 19 (4).

Cyrulnik, B. *Los patitos feos. La resilencia: una infancia infeliz no determina la vida*, 6ª ed. Barcelona: Gedisa.

Daicoff, S. 2003. Law as healing profession: The Comprehensive Law Movement. En *New York Law School Clinical Research Institute, Research Paper Series 05/06#12*. Disponible en https://cutt.ly/VlSuvsl.

Danet, A. 2020. La comunicación noviolenta entre teoría y práctica. Una revisión sistemática. En *Revista de paz y conflictos*, vol.13 (1).

De Vicente Martínez, R. 2021. *Vademécum de Derecho Penal*, 6ª edición. Valencia: Tirant lo Blanch.

Dhami, M, Greg, M y Darrell, F. (2009). Restorative justice in prisons. Contemporary Justice Review. 12 (4).

Echeburúa, E. 2004. *Superar un trauma. El tratamiento de las víctimas de sucesos violentos*. Madrid: Pirámide.

- 2013. El valor psicológico del perdón en las víctimas y los ofensores. En *Eguzkilore*, nº 27. San Sebastián.

Echeburúa, E. y Amor, P. J. 2019. Memoria traumática: estrategias de afrontamiento adaptativas e inadaptativas. En *Terapia Psicológica*, vol. 37, nº 1.

Echebúrúa, E., Corral, P. y Amor, P.J. 2002. Evaluación del daño psicológico en las víctimas de delitos violentos. En *Psicothema, 14*.

Eglash, A. 1958. Creative Restitution-A Broader Meaning for old term. En *Journal of Criminal Law and Criminology,* volumen 48, issue 6.

Elliot, I. y Beech, A. 2012. A U.K. cost-benefit analysis of Circles of Support and Accountabi-lity interventions. En *Sexual Abuse: A Journal of Research and Treatment,* 25(3).

Esbec, E. 2000. Evaluación psicológica de la víctima. En Esbec, E. y Gómez-Jarabo, G. *Psicología forense y tratamiento jurídico-legal de la discapacidad.* Madrid: Edisofer.

Ferrajoli, L. 1986. El Derecho Penal mínimo (trad. de Bergalli, R.). En *Poder y Control,* nº 0. Barcelona: P.P.U.

- 2018. *Derecho y Razón,* 10ª ed. Madrid. Trotta.

Fisas, V. 1998. *Cultura de Paz y Gestión de Conflictos.* Madrid: Icaria.

Fine, S. M. 2018. Teaching in the restorative window: authenticity, conviction and critica-restorative pedagogy en the work of one teacher-leadr. En *Harvard Educational Review*, 88(1).

Fisher, R., Ury, W. y Patton, M. 1991. *Si de acuerdo. Cómo negociar sin ceder,* 5ª ed. Bogotá: Norma.

Folger, J. P. y Baruch Busch, R. A. 1996. *La promesa de mediación.* Buenos Aires: Granica.

Foro Europeo de Justicia Restaurativa. 2023. *Manual sobre valores y normas de justicia restaurativa para la práctica.* EFRJ: Lovaina.

Foucault, M. 2002. *Vigilar y castigar.* Buenos Aires: Siglo XXI Editores Argentina.

Fundación Secretariado Gitano. 2007. *Mediación intercultural: retos y contextos multiculturales.* Madrid: Fundación Secretariado Gitano.

Gallardo Campos, R. A. y Hierro Batalla, A. 2016. *Mediación policial: la reflexión sobre la reflexión.* Castellón: Universitat Jaume I.

Galtung, J. 1998. *Tras la Violencia 3 R. Reconstrucción, Reconciliación, Resolución. Afrontando los efectos visibles e invisibles de la Guerra y la Violencia.* Madrid: Red Gernika Gogoratuz.

García Díez, C., Montes Alcaraz, A. y Soler Iglesias, C. 2015. Evaluación, tratamiento y gestión del riesgo de delincuentes sexuales. Propuestas para una actualización del modelo. En *Intervención psicoeducativa en la desadaptación social: IPSE-ds,* nº 8.

García García-Servigón, J. 2010. Experiencias de mediación penal de adultos en España. En *Rivista di Criminologia, Vittimologia e Sicurezza,* vol. IV, nº 3.

García-Pablos de Molina, A. 2016. *Criminología. Una introducción a sus fundamentos teóricos,* 8ª ed. Valencia: Tirant lo Blanc.

Garland, D. 2004. *La cultura del control. Crimen y orden social en la sociedad contemporánea.* Barcelona: Gedisa.

Garland, D. y Sparks, R. 2000. Criminology, social theory and the chalange of our times. En *British Journal of Criminology,* 40 (2).

Gergen, K. J. 2015. *An invitation to social construction, 3º ed.* *Sage Publications Ltd.: London.*

Goffman, E. 1998. *Estigma. La identidad deteriorada,* Buenos Aires: Amorrortu.

Grupo Triángulo (2007). Guía para la mediación intercultural. En *Cuaderno de mediación intercultural,* nº 1. Recuperado de: https://lc.cx/q7BHtb. Fecha de consulta: 16/11/2023.

Herrero, C. y Garrido, E. 1999. *La criminología aplicada II.* Madrid: Consejo General del Poder Judicial.

Hocker, J. / Wilmot, W. 1985. *Intepersonal Conflict.* Dubuque-Iowa: Wm. C. Brown Publishers.

Höing, M., Duke, L. H. Y Völm, B. 2015. *European Handbook. COSA, Circles of Support and Accountability,* 2ª edición revisada. Breda, Circles4EU. Disponible en: https://cutt.ly/KkXw4hp.

Hulsman, L. 1995. La criminología crítica y el concepto de delito. En Bustos Ramirez, J. (Dir.). *Prevención y teoría de la pena.* Santiago: Conosur.

Hulsman, L., Christie, N., Mathiesen, T. *et. al.* (Trad. Ciafardini, M. A. y Bondanza, M. L.). 1989. *Abolicionismo penal.* Buenos Aires: Ediar.

Igartua, I, Olalde, A., Pedrola, M. y Varona, G. (2015). *Evaluación del coste de la justicia restaurativa integrando indicadores cuantitativos y cualitativos: El caso de la mediación penal aplicada a las infracciones de menor gravedad.* Vitoria-Gasteiz: Gobierno Vasco.

Jescheck, H. H. 2003. Evolución del concepto jurídico penal de culpabilidad en Alemania y Austria. En *Revista Electrónica de Ciencia Penal y Criminología,* nº 5.

Johnson, G. y Van Ness, D. (2006). El Significado de Justicia restaurativa. En Johnson, G. y Van Ness, D. (eds.) *El Manual de Justicia restaurativa.* Cullompton: Willan Publishing.

Jonas, H. 1995. *El principio de responsabilidad.* Herder: Barcelona.

Kavanagh, K. 1995. Don´t Ask, Don´t Tell: Deception Required, Disclosure Deined. En *Psychology, Public Policy, and Law,* 1(1). Disponible en: https://cutt.ly/kzeU5mj.

Lange, A. 1981. Entrenamiento cognitivo-conductal de la asertividad. En *Manual de Terapia racional-emotiva.* Bilbao: Descleé de Brouwer.

Liebmann, M. (2010). Restorative Justice in prisionsAn international perspective. Brazil: United Nations Crime Congress. Recuperado de: https://www.foresee.hu/uploads/media/MarianLiebmann_text. pdf.

López Martínez, M. 2006. Gramáticas de la reconciliación: algunas reflexiones. En Jares, X. et al. (coords.). *El papel de la investigación para la paz ante la violencia en el País Vasco.* Bilbao: Bakeaz y Gernika Gogoratuz.

• (2015) Nonviolence in social sciences: towards a consensual definition. En *Revista de Paz y Conflictos,* v. 8.

Loy, D. 2000. *No dualidad.* Barcelona, Kairos.

Lozano Martín, A. M. 2015. La mediación como proceso de gestión y resolución de conflictos. En Orozco Pardo, G. y Monereo Pérez, J.L. (Dir.). *Tratado de mediación en la resolución de conflictos.* Madrid: Tecnos.

Lozano Martín, A. M., Nistal Burón, J. y Jiménez Bautista, F. 2020. Conflictos y mediación en las cárceles madrileñas. En *Revista de Mediación*, 13 (1), e2.

Luna Álvarez, E. 2023. *Análisis crítico de la regulación y aplicación de la mediación penal en el ordenamiento jurídico español*. Valencia: Tirant lo Blanch.

Mackay, R. E. 2000. Ética y buenas prácticas en los procesos de Justicia Restaurativa. En The European Forum for Victim-Offender Mediation and Restorative Justice (ed.). *Victim-Offender Mediation en Europe. Making Restorative Justice Work*. Leuven: Leuven University Press.

McNamee, S. 2019. Diálogo transformador: coordenando moralidades conflitantes, en Grandesso, M. (ed.). *Construcionismo Social e Práticas colaborativo-dialógicas: contextos de açoes transformadoras. Curitiba: CRV.*

Max-Neef, M. 1998. *Desarrollo a Escala Humana*. Barcelona: Icaria.

McCold, P., y Wachtel, T. 2002. Restorative justice theory validation. En Weitekamp, E. G. M. y Kerner, H. J. (eds.). *Restorative Justice: Theoretical Foundations*. Devon: Willan Publishing.

Manzanares Samaniego, J.L. 2007. *Mediación, reparación y conciliación en el Derecho Penal*. Granada: Comares.

Martín, A. y Rodríguez Pérez, M. P. 2019. *Tras las huellas del terrorismo en Euskadi*. Madrid. Dykinson.

Martín, J. y Dapena, J. 1998. La mediación penal juvenil en Cataluña, España. Disponible en: https://cutt.ly/cxO-YUYB.

Martínez Camps, M. M. 2016. Formación y habilidades de los mediadores. En Cervelló Donderis, V. (Dir.). *Cuestiones prácticas para la aplicación de la mediación penal.* Valencia: Tirant lo Blanch.

- 2016. El mediador en el proceso. En Cervelló Donderis, V. (Dir.). *Cuestiones prácticas para la aplicación de la mediación penal.* Valencia: Tirant lo Blanch.

Marshall, T. F. 1999. Justicia restaurativa: una visión general. Home Office. Departamento de Investigación y Dirección de Estadísticas. Londres, Reino Unido. Disponible en https://cutt.ly/UlB6xaH.

Mathiesen, T. 2005. Diez razones para no construir más cárceles, en *Panóptico contra la cultura carcelaria,* nº 7.

Ministerio de Justicia. 2015. Guía para aplicar la Justicia en Equidad: Criterios para Conciliadores en Equidad y Jueces de Paz. Bogotá: Ministerio de Justicia.

Mullet, E. 2012. Perdón y terapia. En Labrador, F. J. y Crespo, M. (eds.), *Psicología clínica basada en la evidencia.* Madrid: Pirámide.

Muñoz Conde, F. y García Arán, M. 2022. *Derecho Penal Parte General,* 11ª edición. Valencia: Tirant lo Blanch.

Naciones Unidas. 2002. *Informe de la Reunión del Grupo de Expertos sobre Justicia Restaurativa. Examen de los principios básicos sobre la utilización de programas de justicia restaurativa en materia penal.* Viena: Naciones Unidas.

Olalde, A. (2017). *40 ideas para la práctica de la justicia restaurativa en la jurisdicción penal.* Madrid: Dykinson.

- 2023. "El tiempo, la temporalidad y su toma de conciencia con las víctimas en justicia restaurativa: reflexiones de un facilitador, en Varona, Gemma, *Repensar la Justicia restaurativa desde la diversidad: claves para su desarrollo práctico e investigación teórica y aplicada,* Tirant lo Blanch, Valencia.

Ordóñez Sánchez, B. 2007. La mediación penal en las oficinas de asistencia a las víctimas de delitos. En *La Ley,* nº 44.

Pascual Rodríguez, E. (coord..). 2013. *Los ojos del otro. Encuentros restaurativos entre víctimas y ex miembros de ETA.* Cantabria: Sal Terrae.

Pascual Rodríguez, E., Ríos Martín, J. C., Bibiano Guillén, A. y Segovia Bernabé, J. L. 2008. Coruña: Colex.

Pillado González, E. 2016. La justicia terapéutica y sus manifestaciones en el proceso penal español. En Barona Vilar, S. (Coord.) *Mediación, arbitraje y jurisdicción en el actual paradigma de justicia.* Pamplona: Civitas.

Piña López, J. A. 2015. Un análisis crítico del concepto de resiliencia en psicología. En *Anales de psicología, 31*(3). Disponible en https:// cutt.ly/jx7sidH.

Redondo Illescas, S., Sánchez Meca, J. y Garrido Genovés, V. 1999. The Influence of Treatment Programmes on the Recidivism of Juvenile and Adult Offenders: A European Meta-Analytic Review. En *Psychology, Crime and Law,* 5.

Rees, L. 2008. *Los verdugos y las víctimas. Las páginas negras de la historia de la Segunda Guerra Mundial.* Barcelona: Crítica.

Reyes Mate, M. 2008. *El perdón, virtud política. En torno aa Primo Levi.* Barcelona. Anthropos.

- 2012. *Tratado de la injusticia.* Barcelona: Antrhopos.

Rifkin, J. 2010. *La civilización empática. La carrera hacia una conciencia global en un mundo en crisis.* Barcelona: Paidós.

Ríos Martín, J. C. 2007. La mediación, instrumento de diálogo para la reducción de la violencia penal y penitenciaria. En *La Ley,* nº 44.

- 2008. *La mediación penal y penitenciaria. Experiencias de diálogo en el sistema penal para la reducción de la violencia y el sufrimiento humano.* Madrid: Colex.

- 2021. *Relatos de reconciliación entre víctimas y agresores en procesos restaurativos.* Granada: Comares.

Ríos Martín, J., Segovia Bernabé, J. L. y otros. 2011. Reflexiones sobre la viabilidad de instrumentos de justicia restaurativa en delitos graves. En Martínez Escamilla, M. (Coord.). *Justicia Restaurativa, Mediación penal y penitenciaria: un renovado impulso.* Madrid: Reus.

Ríos Martín, J. y Olalde Altarejos, A. 2011. Justicia restaurativa y mediación. Postulados para el abordaje de su concepto y finalidad. En *Revista de Mediación,* año 4, nº 8, 2º semestre.

Ríos Martín, J. et al. 2012. Reflexiones sobre la viabilidad de instrumentos de justicia restaurativa en delitos graves. En Martínez Escamilla, M. y Sánchez Álvarez, M. P. *Justicia restaurativa, mediación penal y penitenciaria: un renovado impulso.* Madrid: Reus.

Roca Villanueva, E. 2003. *Como mejorar sus habilidades sociales*. Valencia: ACDE.

Rosenberg, M.B. 2000. *Comunicación no violenta*. Barcelona: Urano.

- 2003. *Nonviolent communication: a language of* life. Encinitas, CA, Puddledancer Press.

Rosenberg, M.B. y Molho, P. 1998. Nonviolent (empathic) communication for health care providers. En Haemophilia, v. 4.

Rosenberg, M.B. y Chopra, D. 2015. *Nonviolent communication: a language of life: life-changing tools for healthy relationships*. Encinitas, CA, Puddledancer Press.

Rubio, M. J. 2015. Un servicio de mediación de y para los ciudadanos. Trabajo Final del Curso complementario Justicia restaurativa: nuevas perspectivas en mediación. Donostia-San Sebastián: IVACKREI.

Rueda Carvajal, C. E. 2008. El reconocimiento de la jurisdiccional especial indígena dentro del sistema judicial nacional en Colombia. El debate de la coordinación. En *Estudios Socio-Jurídicos,* vol. 10, nº 1. Bogotá.

Sáez Valcárcel, R. (Dir.). 2010. La mediación penal dentro del proceso. Análisis de situación. Propuestas de regulación y autorregulación. Protocolos de evaluación. Documento ideológico: análisis desde la perspectiva de la política criminal y del derecho a la tutela judicial efectiva. En *CGPJ*.

- 2011. Notas sobre justicia restaurativa y delitos graves. Dialogando sobre "las reflexiones" y su viabilidad. En Martínez Escamilla, M. (Coord.). *Justicia restaurativa, mediación penal y penitenciaria: un renovado impulso.* Madrid: Reus.

Secretaría General de Instituciones Penitenciarias. 2020. *Taller de Diálogos Restaurativos: Responsabilización y reparación del daño.* Ministerio del Interior: Madrid.

- 2020. *Intervención en Justicia Restaurativa. Encuentros Restaurativos Penitenciarios.* Ministerio del Interior: Madrid.

Siegel, D. 2012. The developing mind: How relationships and the brain interact to shape who we are. London: The Guilford Press.

Silva García, G. 2008. La teoría del conflicto. Un marco teórico necesario. En *Prolegómenos. Derecho y Valores,* 11, (22).

Suares, M. 1996. *Mediación, conducción de disputas, comunicación y técnicas.* Buenos Aires: Paidós.

- 2008. El modelo circular-narrativo en mediación familiar. En *Proyecto Hombre: Revista de la Asociación Proyecto Hombre,* nº 66.

- 2013. *El espejo de los mediadores.* Buenos Aires: Paidós.

Tamarit Sumalla, J. M. 2006. La Victimología: cuestiones conceptuales y metodológicas. En Baca, E., Echeburúa, E. y Tamarit, J. M. (eds.). *Manual de Victimología.* Valencia: Tirant lo Blanch.

- (Coord.). 2012. *La justicia restaurativa: desarrollo y aplicaciones.* Granada: Comares.

Tascón, J. 2015. La mediación en el ámbito penitenciario. Penas privativas de libertad y mediación penitenciaria. En Orozco Pardo, G. y Monereo Pérez, J. L. (dirs.). *Tratado de mediación en la resolución de conflictos*. Madrid: Tecnos.

Tapia Ortiz, M. 2019. Las penas y medidas comunitarias. En *Revista de Estudios Penitenciarios*, nº 3. Madrid: Ministerio del Interior.

Torío López, A. 1988. Indicaciones metódicas sobre el concepto de culpabilidad. En *Cuadernos de política criminal*, nº 36.

Tyler, T. R. 2006. *Why People Obey the Law*. New Yersey: Princeton University Press.

Umbreit, M. S. 2001. *The handbook of Victim Offender Mediation. An Essential Guide to Practice and Research*. New York: Jossey Bass.

UNODC. 2020. *Handbook of Restorative Justice Programmes*. Second Edition. Vienna: United Nations.

- 2013. *Guía de Introducción a la Prevención de la Reincidencia y la Integración Social de delincuentes*. Nueva York: Naciones Unidas.

Urruela-Arnal, I. y Bolaños-Cartujo, I. (2012). Mediación en una Comunidad Intercultural. En *Anuario de Psicología Jurídica*, 22.

Valcárcel, A. 2010. *La memoria y el perdón*. Barcelona: Herder.

Van Ness, D. 2005. Una visión general de justicia restaurativa a través del mundo, Documento presentado en el Taller para Mejorar la Reforma de Justicia penal, incluyendo Justicia Restaurativa, Decimoprimer Congreso de las Naciones Unidas sobre la Prevención del Delito y Justicia penal, Bangkok, Tailandia, del 18-25 de Abril de 2005.

Van Ness, D. W. y Heetderks Strong, K. 1997. *Restoring Justice.* Salisbury: Anderson and Co Publishing.

Varona Martínez, G. 2008. *Evaluación externa del Servicio de Mediación Penal de Barakaldo.* Bilbao: GEUZ.

• 2018. *Justicia restaurativa desde la Criminología: mapas para un viaje inicial.* Madrid: Dykinson.

• 2020. *Caminando restaurativamente.* Madrid: Dykinson.

• 2023. Habitar ciudades restaurativas: una red emergente para sostener círculos de reentrada para la convivencia y foros atemporales de verdad y memoria para los delitos sin esclarecer, en particular en violencia política, en Varona Martínez, G. (Dir.). *Repensar la justicia restaurativa desde la diversidad: claves para su desarrollo práctico e investigación teórica y aplicada.* Valencia: Tirant lo Blanch.

Vázquez Morales, D. y Fernández Molina, E. 2013. Confianza en los tribunales penales. Una vía normativa a la cooperación ciudadana con la justicia más allá de la amenaza y la coerción. En *Revista Electrónica de Ciencia Penal y Criminología,* nº 15.

Walgrave, L. 2004. Has Restorative Justice Appropiately Responded to Retribution Theory and Impulses? En Zehr, H. y Toews, B. (eds.). *Critical Issues in Restorative Justice.* New York: Criminal Justice Press.

Wexler, D. B. 1993. Therapeutic Jurisprudence and the Criminal Courts. En *William and Mary Review*, vol. 35, iss. 1. Disponible en: https:// cutt.ly/qzeOZVO.

Zaffaroni, E. R. *En torno de la cuestión penal.* Montevideo: B de F.

Zehr, H. 1990. *Changing lenses. A new focus for crime and justice.* Scottdale, Pennsylvania: Herald Press.

- 2002. *The Little book of Restorative Justice.* Intercourse, Pennsylvania: Good Books.